AZ ULTIMATE VAKÁZI SAJT KONYHA

Fedezze fel a 100 finom receptet, hogy feldobja étkezését

Imre Dudás

Copyright Anyag ©2023

Minden jog fenntartva

A kiadó és a szerzői jog tulajdonosának megfelelő írásos beleegyezése nélkül ennek a könyvnek egyetlen része sem használható fel vagy továbbítható semmilyen formában vagy módon, kivéve az ismertetőben használt rövid idézeteket. Ez a könyv nem helyettesítheti az orvosi, jogi vagy egyéb szakmai tanácsokat.

TARTALOMJEGYZÉK

TARTALOMJEGYZÉK...3
BEVEZETÉS...7
REGGELI ÉS BRUNCH..8
1. Articsóka és túrós omlett...9
2. Tojás és articsóka réteg..12
3. Citromos habcsók palacsinta...15
4. Túrós croissant..18
5. Túrós palacsinta..20
6. Key lime sajtos palacsinta..23
7. Sajtos spenótos palacsinta p..25
8. Vegyes bogyós túrós desszert palacsinta......................28
9. Gateau De Crêpes a La Florentine.................................31
10. Túrós gyümölcstál...34
11. Berry Blast Protein Fruit Bowl.......................................36
12. Kelkáposzta, paprika és morzsolt feta omlett.............38
13. Kolbász sajt Frittata..40
14. Túrós élesztőtekercs...42
15. Hagymás kapros kenyér...44
16. Protein power gofri...46
17. Ukrán reggeli hasis...48
18. Reggeli szendvicsek..51
19. B abbka...53
20. Pirospaprika és túrós frittatas.......................................56
21. Kéregtelen tengeri quiche..58
22. Amish reggeli rakott..60
NAGYSZEREK ÉS ELŐÉTELEK..64
23. Túrós töltött narancs..65
24. Spenót Empanadas...67
25. Ázsiai túrós keksz...70
26. Koktélparti húsgombóc..72
27. Túrós és ananászos Pinwheels......................................74

28. Desszert cukkinis rántott..76
29. Chile Sajtos Soufflé négyzetek...78
30. Spenót roll-up...81
31. Epres túrószeletek..83
32. Töltött padlizsán...86
33. Töltött gomba sajttal..89
34. Túrós golyók csokimázzal..92
35. Túrós szezámgolyók...94
36. Túrós süti..96
37. Túrós zabpehely süti...98
38. Sous Vide tojásfalatok..100
39. Zeller rönk..103
40. Túrós töltött gomba..105
41. Túrós és spenótos mártogatós......................................107
SZENDVICS, PAKOLÁS ÉS BURGER..........................109
42. Marokkói bárány és harissa hamburger......................110
43. Svájci mángold bruschetta..113
44. Paneer Bhurji szendvics...116
45. Marha-sajtos burritók..118
46. Grillezett alma kovászos muffinon..............................120
47. Chipotle Cheddar Quesadilla......................................122
FŐÉTEL...124
48. Grillezett alma és sajt..125
49. Sajtos ravioli rozmaringgal és citrommal...................127
50. Ravioli lasagna...129
51. Carbquik lasagna pite..131
52. Lasagna bögrében..134
53. Focaccia al formaggio..136
54. Sajtos pulykafasírt...138
55. English Cottage Pie Lasagna.......................................140
56. Babos lasagna...143
57. Pepperoni Lasagna...146
58. Linguine sajtszósszal _..149
59. Rusztikus nyaralópite...151
60. Margarita tészta primavera..154

61. Monterey Jack Souffle..156
62. Csirke- és túróleves..158
63. Túrós Manicotti..161
64. Mama spenótos pite...163
65. Rakott marhahús tészta...166
66. Sült Spenach Supreme...168
SALÁTÁK ÉS KÖRETEK..170
67. Túrós zöldségsaláta...171
68. Spárga, paradicsom, túrós saláta..................................173
69. Túrós és gyümölcssaláta...176
70. Uborkás és túrós saláta...178
71. Túrós és paradicsomos saláta.......................................180
DESSZERT...182
72. Diós sajttorta...183
73. Áfonya-narancsos sajttorta...185
74. Ananász tészta Kugel..188
75. Sáfrányos pisztácia Panna Cotta..................................191
76. Túrós tiramisu...193
77. Túrós datolyafagylalt..195
78. Túrós túrótorta..197
79. Burekas..199
80. Francia sajtos torta...202
81. Gyógynövényes sajtos torták..205
82. Céklás sütemény...208
83. Alma-sajtos fagylalt..210
84. Kókuszos túrós túrótorta..212
85. Noodle Kugel Pite túróval..215
86. Rózsaszín parti saláta...218
87. Roston sült ananász desszert..220
88. Cool lime saláta...222
FŰSZEREK..224
89. Túrós szósz..225
90. Alacsony zsírtartalmú mogyoróhagyma mártogatós...227
91. Kunyhó gyógynövény öntet...229
92. Gyógynövényes túrós kenhető....................................231

93. Túrós salsa..233
94. Túró és mézes csepp..235
95. Túrós pesto..237
Turmixok és koktélok..239
96. Fűszeres málnás turmix...240
97. Túrós Power Shake..242
98. Sajtos vanília shake..244
99. Edzés utáni Banán Protein Shake................................246
100. Szója turmix..248
KÖVETKEZTETÉS...250

BEVEZETÉS

Üdvözöljük a "AZ ULTIMATE VAKÁZI SAJT KONYHA"-ben, ahol a szerény túró kulináris sztárrá változik. Ennek a szakácskönyvnek az oldalain utazásra indul az ízek, a kreativitás és a táplálkozás világán keresztül. A túró nem csak egy egyszerű tejtermék; Ez egy sokoldalú összetevő, amely új életet lehelhet az étkezésekbe.

A konyhánk egy olyan hely, ahol a kreativitás nem ismer határokat. Akár tapasztalt szakács, akár kezdő a kulináris művészetben, receptek széles választékát találja, amelyek kielégítik ízlelőbimbóit, és táplálják testét. A túró fehérje-, kalcium- és egyéb alapvető tápanyagok forrása, így értékes kiegészítője a napi étrendnek.

A 100 ínycsiklandó recepttel, amelyek számos konyhát és kulináris stílust lefednek, ez a szakácskönyv úgy készült, hogy inspirálja az Ön főzési útját. A sós ételektől, mint a töltött gomba és a lasagne, az édes finomságokig, mint a sajttorták és parfék, felfedezheti a túróban rejlő valódi lehetőségeket.

Szóval, feltűrjük az ingujjunkat, húzzuk fel a kötényünket, és merüljünk el a túrós konyha világában. Itt az ideje, hogy feldobja étkezését, és felejthetetlen étkezési élményeket teremtsen saját konyhájában.

REGGELI ÉS BRUNCH

1. Articsóka és túrós omlett

ÖSSZETEVŐK:

- 3 nagy tojás
- ¼ csésze túró
- ¼ csésze szeletelt retek
- ¼ csésze apróra vágott articsóka szív (konzerv vagy pácolt)
- 2 evőkanál apróra vágott friss fűszernövények (például petrezselyem, metélőhagyma vagy bazsalikom)
- Só és bors ízlés szerint
- 1 evőkanál olívaolaj

UTASÍTÁS:

a) Egy tálban jól felverjük a tojásokat. Sózzuk, borsozzuk.
b) Egy tapadásmentes serpenyőben közepes lángon hevítsük fel az olívaolajat.
c) Hozzáadjuk a felszeletelt retket, és körülbelül 2-3 percig pároljuk, amíg kissé megpuhul.
d) Adja hozzá az apróra vágott articsóka szíveket a serpenyőbe, és pirítsa további 1-2 percig, amíg át nem melegszik.
e) A felvert tojásokat a serpenyőbe öntjük, ügyelve arra, hogy egyenletesen ellepje a zöldségeket.
f) Pár percig hagyjuk a tojásokat zavartalanul főni, amíg az alja meg nem kezd dermedni.
g) Óvatosan emelje meg az omlett széleit egy spatulával, és döntse meg a serpenyőt, hogy a főtt tojás a szélére folyjon.
h) Az omlett egyik felére kanalazzuk a túrót.
i) Az apróra vágott fűszernövényeket a túróra szórjuk.
j) Az omlett másik felét a túrós oldalra hajtjuk.

k) Folytassa a főzést még egy percig, vagy amíg az omlett a kívánt készre nem fő.

l) Csúsztassa az omlettet egy tányérra, és vágja félbe, ha szükséges.

2. Tojás és articsóka réteg

ÖSSZETEVŐK:

- 1 evőkanál extra szűz olívaolaj
- 1 közepes sárgahagyma apróra vágva
- 8 uncia fagyasztott apróra vágott spenót
- ½ csésze szárított paradicsom, lecsepegtetve és durvára vágva
- 14 uncia konzerv articsóka szív, lecsepegtetve és negyedelve
- 2 és fél csésze kockára vágott bagett
- Só és fekete bors ízlés szerint
- ⅔ csésze feta sajt, morzsolva
- 8 tojás
- 1 csésze tej
- 1 csésze túró
- 2 evőkanál apróra vágott friss bazsalikom
- 3 evőkanál reszelt parmezán sajt

UTASÍTÁS:

a) Melegítse elő a sütőt 350 F-ra.

b) Egy nagy öntöttvas serpenyőben közepes lángon hevítsünk olívaolajat. Add hozzá és pároljuk a hagymát 3 percig, vagy amíg megpuhul.

c) Keverjük hozzá a spenótot, és főzzük addig, amíg felolvad és a folyadék nagy része el nem fogy elpárolgott. Kapcsolja ki a hőt.

d) Keverje hozzá a szárított paradicsomot, az articsóka szíveket és a bagettet, amíg jól nem lesz megosztott. Ízesítsük sóval, fekete borssal, és szórjuk rá a fetasajtot felül; félretesz, mellőz.

e) Egy közepes tálban habosra keverjük a tojást, a tejet, a túrót és a bazsalikomot. Öntsük keverje össze a spenótkeverékkel, és egy kanál segítségével finoman ütögesse a tojáshoz keverjük össze, hogy jól oszoljon el. Parmezán sajtot szórunk a tetejére.

f) Helyezze a serpenyőt a sütőbe, és süsse 35-45 percig, vagy amíg aranybarna nem lesz barna a tetején és a tojás meg.

g) Távolítsa el a serpenyőt; szeletekre vágjuk a rétegeket, és melegen tálaljuk.

3.Citromos habcsók palacsinta

ÖSSZETEVŐK:
HABCSÓK
- 4 nagy tojásfehérje
- 3 evőkanál cukor

PALACSINTÁK
- 2 tojás
- ½ csésze túró
- ½ teáskanál vanília kivonat
- 1 evőkanál méz
- ¼ csésze tönkölyliszt
- ½ teáskanál sütőpor
- ¼ teáskanál szódabikarbóna
- 2 teáskanál cukormentes citrom Jell-O mix

UTASÍTÁS:
A habcsókhoz
a) Adjuk hozzá a tojásfehérjét egy keverőtálba, és verjük addig, amíg lágy csúcsok nem lesznek. Lágy csúcsok keletkeznek, amikor kihúzza a habverőt a keverékből, és a csúcs kialakul, de gyorsan leborul.
b) Adjuk hozzá a cukrot a tojásfehérjéhez, és verjük tovább kemény habbá. Merev csúcsok keletkeznek, amikor kihúzzuk a habverőt a keverékből, és a csúcs kialakul és megtartja alakját.
c) Tegye félre a habcsókot.
d) A tojásokat, a túrót, a vaníliát és a mézet habosra keverjük, majd félretesszük.
e) Egy másik tálban keverjük jól össze a száraz hozzávalókat.
f) Adjuk hozzá a nedves hozzávalókat a száraz hozzávalókhoz, és keverjük alaposan össze.

g) Permetezzen be egy tapadásmentes serpenyőt vagy rácsot bőségesen növényi olajjal, és melegítse közepes lángon.

h) Ha a serpenyő felforrósodott, egy $\frac{1}{4}$ csésze mérőedény segítségével adjuk hozzá a tésztát, és öntsük a serpenyőbe a palacsinta elkészítéséhez. Használja a mérőpoharat a palacsinta formázásához.

i) Addig főzzük, amíg az oldala megszilárdult, és buborékok keletkeznek a közepén (kb. 2-3 perc), majd fordítsuk meg a palacsintát.

j) Ha a palacsinta ezen az oldalon megsült, levesszük a tűzről és tányérra tesszük.

k) Folytassa ezeket a lépéseket a maradék tésztával.

l) Felső palacsinta a habcsókkal.

m) A habcsók megpirításához fáklyával enyhén megpiríthatja a széleit, vagy a tetején lévő palacsintákat forró broiler alatt 2-3 percig sütheti.

4. Túrós croissant

ÖSSZETEVŐK:
A TÉSZTÁHOZ:
- ⅔ csésze tej
- 1¼ csésze (150 g) túró ¼ csésze (60 g, 2 uncia) vaj
- 1 tojás
- ⅓ csésze (60 g, 2,4 uncia) cukor
- 4 csésze (500 g, 18 uncia) univerzális liszt
- 1 teáskanál vaníliás cukor
- 1½ teáskanál aktív száraz élesztő
- ½ teáskanál só

A MÁZHOZ:
- 1 tojássárgája
- 2 evőkanál tej
- 2 evőkanál mandula, apróra vágva

UTASÍTÁS:
a) A tésztát kenyérsütőgépben gyúrjuk. Hagyjuk pihenni és 45 percig kelesztjük.
b) Nyújtsa ki a kész tésztát egy 16 hüvelyk (40 cm) átmérőjű körré, és ossze el 12 háromszög alakú részre. Minden háromszöget feltekerünk, a széles szélétől kezdve.
c) Olajozott sütőpapírral bélelt tepsire helyezzük a tekercseket, majd megkenjük a mázas keverékkel. Letakarjuk egy törülközővel, és 30 percig pihentetjük.
d) Melegítsük elő a sütőt 200 C-ra (400 F fokra).
e) Előmelegített sütőben 15 perc alatt aranybarnára sütjük.

5. Túrós palacsinta

ÖSSZETEVŐK:
- ¼ csésze tönkölyliszt
- ½ teáskanál sütőpor
- ¼ teáskanál szódabikarbóna
- ⅛ teáskanál fahéj
- ⅛ teáskanál só
- 2 nagy tojás, felverve
- ½ csésze 2%-os zsírszegény túró
- 1 evőkanál méz
- ½ teáskanál vanília kivonat
- Eper, tálaláshoz (elhagyható)

UTASÍTÁS:
a) Az összes száraz hozzávalót egy tálba tesszük, és jól összekeverjük.
b) Egy külön tálban keverjük össze a nedves hozzávalókat.
c) Adjuk hozzá a nedves hozzávalókat a száraz hozzávalókhoz, és keverjük össze alaposan.
d) Hagyja a tésztát 5-10 percig pihenni. Ez lehetővé teszi, hogy az összes összetevő összeérjen, és jobb állagot biztosít a tészta számára.
e) Permetezzen be egy tapadásmentes serpenyőt vagy rácsot bőségesen növényi olajjal, és melegítse közepes lángon.
f) Ha a serpenyő felforrósodott, egy ¼ csésze mérőedény segítségével adjuk hozzá a tésztát, és öntsük a serpenyőbe a palacsinta elkészítéséhez. Használja a mérőpoharat a palacsinta formázásához.
g) Addig főzzük, amíg az oldala megszilárdult, és buborékok keletkeznek a közepén (kb. 2-3 perc), majd fordítsuk meg a palacsintát.

h) Ha a palacsinta ezen az oldalon megsült, levesszük a tűzről és tányérra tesszük.
i) Folytassa ezeket a lépéseket a maradék tésztával. Ízlés szerint eperrel tálaljuk.

6. Key lime sajtos palacsinta

ÖSSZETEVŐK:
- 2 tojás
- ½ csésze túró
- ½ teáskanál vanília kivonat
- 1 evőkanál méz
- 1 lime héja
- ¼ csésze tönkölyliszt
- ½ teáskanál sütőpor
- ¼ teáskanál szódabikarbóna
- 2 teáskanál cukormentes lime Jell-O mix

UTASÍTÁS:
a) A tojásokat, a túrót, a vaníliát, a mézet és a lime héját habosra keverjük, majd félretesszük.
b) Egy másik tálban a többi hozzávalót jól összekeverjük.
c) Adjuk hozzá a nedves hozzávalókat a száraz hozzávalókhoz, és keverjük alaposan össze.
d) Permetezzen be egy tapadásmentes serpenyőt vagy rácsot bőségesen növényi olajjal, és melegítse közepes lángon.
e) Ha a serpenyő felforrósodott, egy ¼ csésze mérőedény segítségével adjuk hozzá a tésztát, és öntsük a serpenyőbe a palacsinta elkészítéséhez. Használja a mérőpoharat a palacsinta formázásához.
f) Addig főzzük, amíg az oldala megszilárdult, és buborékok keletkeznek a közepén (kb. 2-3 perc), majd fordítsuk meg a palacsintát.
g) Ha a palacsinta ezen az oldalon megsült, levesszük a tűzről és tányérra tesszük.
h) Folytassa ezeket a lépéseket a maradék tésztával.

7. Sajtos spenótos palacsinta p

ÖSSZETEVŐK:

- 3 tojás
- 1 csésze tej
- 1 evőkanál olvasztott vaj
- ¾ csésze Univerzális liszt
- ¼ teáskanál Só
- 2 csésze Shredded Havarti, svájci VAGY
- Mozzarella sajt, osztva
- 2 csésze kunyhó
- ¼ csésze reszelt parmezán sajt
- 1 enyhén felvert tojás
- 10 uncia csomag fagyasztott apróra vágott spenót
- 300 g, felolvasztjuk és szárazra nyomkodjuk
- ¼ teáskanál Só
- ⅛ teáskanál bors
- 1½ csésze paradicsomszósz

UTASÍTÁS
A KREPSZEKHEZ:

a) A hozzávalókat turmixgépben vagy konyhai robotgépben turmixolja 5 másodpercig.

b) Kaparja le az oldalát, és keverje össze a tésztát 20 másodperccel tovább. Fedjük le és hagyjuk állni legalább 30 percig.

c) Melegíts fel egy 8 hüvelykes tapadásmentes serpenyőt közepes lángon. Megkenjük olvasztott vajjal. Keverjük össze a tésztát. Öntsön körülbelül 3 evőkanál tésztát a serpenyőbe, és gyorsan billentse meg a serpenyőt, hogy bevonja az alját. Főzzük, amíg az alja kissé megpirul, körülbelül 45 másodpercig. Forgassa meg a palacsintát egy spatulával, és süsse körülbelül 20 másodperccel tovább.

d) Tegyük át egy tányérra. Ismételje meg a műveletet a maradék tésztával, és minden palacsinta elkészítése előtt megkenje a serpenyőt egy kevés olvasztott vajjal.

A TÖLTETÉSHEZ:

e) Tartalék ½ csésze Havarti sajtot. Keverje össze a többi hozzávalót. Helyezzen ½ csésze sajtos tölteléket minden palacsintára, és tekerje fel.

f) Helyezze a varrás oldalával lefelé egy kivajazott 13x9 hüvelykes tepsibe. A tetejére öntjük a paradicsomszószt. Megszórjuk a fenntartott Havarti sajttal. Süssük 375 F-os sütőben 20-25 percig, vagy amíg át nem melegszik.

8. Vegyes bogyós túrós desszert palacsinta

ÖSSZETEVŐK:
PALCSÁTA:
- 16 uncia kis túrós túró
- 1 teáskanál vanília kivonat
- 3 evőkanál méz
- 4 nagy tojás
- 1 csésze univerzális liszt
- 1 teáskanál szódabikarbóna
- 2 evőkanál növényi olaj

VEGYES BOGYÓ FELTÉT:
- 2 csésze vegyes bogyós gyümölcsök (eper, áfonya, málna)
- 2 evőkanál méz
- ½ teáskanál citromhéj

OPCIONÁLIS KÖRETÉS:
- Mentalevél (opcionális)
- Tejföl
- juharszirup
- További friss gyümölcs

UTASÍTÁS:
PALCSÁTA:
a) Egy közepes tálban keverj össze 4 nagy tojást, amíg jól felver. Adjunk hozzá 16 uncia túrót, 1 teáskanál vaníliakivonatot és 3 evőkanál mézet. Habverővel alaposan összekeverjük.

b) Egy külön tálban keverj össze 1 csésze univerzális lisztet és 1 teáskanál szódabikarbónát. Győződjön meg róla, hogy a lisztes keverékben nincsenek csomók.

c) A száraz hozzávalókat fokozatosan keverjük a nedves hozzávalókhoz, amíg sima palacsintatésztát nem kapunk.

d) Melegítsünk fel egy nagy tapadásmentes serpenyőt közepes lángon, és adjunk hozzá 2 evőkanál növényi olajat.
e) Ha az olaj felforrósodott, minden palacsintához tegyünk egy púpozott evőkanál palacsintatésztát a serpenyőbe.
f) Süssük a palacsintákat aranybarnára és felfuvalkodottra, oldalanként körülbelül 2-3 percig. Használjon fröccsenésvédőt a rendetlenség csökkentése érdekében.
g) Tegye a megsült palacsintákat egy tányérra, és fedje le tiszta konyharuhával, hogy melegen tartsa, amíg a maradék adagot elkészíti.

VEGYES BOGYÓ FELTÉT:

h) Egy külön tálban keverj össze 2 csésze vegyes bogyót, 2 evőkanál mézet és ½ teáskanál citromhéjat.
i) Óvatosan átforgatjuk, hogy bevonják a bogyókat.

SZOLGÁLÓ:

j) A meleg palacsintákat kevert bogyós öntettel tálaljuk.
k) Adhat hozzá egy adag tejfölt, egy csepp juharszirupot, mentaleveleket vagy további friss gyümölcsöt az extra íz érdekében.

9. Gateau De Crêpes a La Florentine

ÖSSZETEVŐK:
KRÉMSZÓZS SAJTOTT, SPENÓT, GOMBÁT
- 4 ek vaj
- 5 Tb fluorid
- 2¾ csésze forró tej
- ½ teáskanál só
- Bors és szerecsendió
- ¼ csésze nehéz tejszín
- 1 csésze durvára reszelt svájci sajt
- 1½ csésze főtt apróra vágott spenót
- 1 csésze krémsajt vagy túró
- 1 tojás
- 1 csésze kockára vágott friss gomba, előzőleg vajban megpirítva 2 ek darált mogyoróhagymával vagy mogyoróhagymával

ÖSSZESZERELÉS ÉS SÜTÉS
- 24 főtt palacsinta, 6-7 hüvelyk átmérőjű
- Enyhén kivajazott tepsi
- 1 ek vaj

UTASÍTÁS:
a) A szószhoz a vajat felolvasztjuk, belekeverjük a lisztet, és lassan, színezés nélkül 2 percig főzzük; levesszük a tűzről, beleütjük a tejet, ízlés szerint sót, borsot és szerecsendiót. Forraljuk keverés közben 1 percig, majd keverjük hozzá a tejszínt és 2 evőkanál svájci sajt kivételével. pároljuk egy kicsit, majd javítsuk a fűszerezést.
b) A spenóthoz keverjen néhány evőkanál szószt, és gondosan korrigálja a fűszerezést. A krémsajtot vagy a

túrót a tojással, a gombával és néhány evőkanál szósszal felverjük, hogy sűrű masszát kapjunk; helyes fűszerezés.

c) A sütőt előmelegítjük 375 fokra.

d) Egy enyhén kivajazott tepsi aljába teszünk egy palacsintát, megkenjük spenóttal, befedjük egy palacsintával, megkenjük egy réteg sajt-gombás keverékkel, és így folytatjuk a többi palacsintával és a 2 töltelékkel, a halmot kreppel zárva le.

e) A maradék sajtszószt ráöntjük a halomra, megszórjuk a maradék 2 evőkanál reszelt svájci sajttal, és meglocsoljuk egy evőkanál vajjal.

f) Tálalás előtt hűtsük 30-40 percig, majd tegyük az előmelegített sütő felső harmadába, amíg forró lesz, és a sajt teteje enyhén megpirul.

10. Túrós gyümölcstál

ÖSSZETEVŐK:

- 1 csésze túró
- 1/2 csésze szeletelt őszibarack
- 1/2 csésze szeletelt eper
- 1/4 csésze apróra vágott dió
- 1 evőkanál méz

UTASÍTÁS:

a) Egy tálban összekeverjük a túrót és a mézet.

b) A tetejére szeletelt őszibarackot, szeletelt epret és darált diót teszünk.

11. Berry Blast Protein Fruit Bowl

ÖSSZETEVŐK:
- 1 csésze túró
- 1/2 csésze vegyes bogyós gyümölcsök (például acai, eper, áfonya és málna)
- 1/4 csésze granola
- 1 evőkanál chia mag
- 1 evőkanál méz (elhagyható)

UTASÍTÁS:
a) Alapnak kanalazzuk a túrót egy tálba.
b) Az összekevert bogyókat a túró tetejére szórjuk.
c) Szórjuk meg a granola és a chia magot a bogyókra.
d) Ha szükséges, csorgassunk mézet a tálra, hogy még édesebbé tegyük.
e) Tálaljuk és kóstoljuk meg a bogyós finomságot!

12. Kelkáposzta, paprika és morzsolt feta omlett

ÖSSZETEVŐK:

- 8 tojás, jól felverve
- 1 csésze pirospaprika, kockára vágva
- 1/4 csésze zöldhagyma (finomra vágva)
- 1/2 csésze morzsolt feta
- 3/4 csésze kelkáposzta, apróra vágva
- 2 tk olívaolaj
- 1/2 tk olasz fűszer
- Só és frissen őrölt bors, ízlés szerint
- Tejfölös sajt vagy túró (elhagyható)

UTASÍTÁS:

a) Egy nagy serpenyőben olajat hevítünk közepesen magas hőmérsékleten. Adjuk hozzá az apróra vágott kelkáposztát, és főzzük körülbelül 3-4 percig.

b) A pirospaprikát megmossuk és felaprítjuk. A zöldhagymát felszeleteljük, a fetát morzsoljuk össze. Kenje meg a Slow Cooker alját olívaolajjal. Adja hozzá az apróra vágott pirospaprikát és a felszeletelt zöldhagymát a Slow Cooker-hez a kelkáposztával.

c) Egy kis tálban verjük fel a tojásokat, és öntsük a lassú tűzhely többi hozzávalójára. Jól keverjük össze, és adjunk hozzá olasz fűszereket. Sózzuk és borsozzuk ízlés szerint.

d) LOW-on főzzük 2-3 órán keresztül.

13. Kolbász sajt Frittata

ÖSSZETEVŐK:
- 8 tojás
- 1 kg kolbász
- 1 csésze túró
- 2 tk sütőpor
- 1 csésze tej
- 3 paradicsom, apróra vágva
- 2 dl parmezán sajt, reszelve
- 6 oz cheddar sajt, reszelve
- Bors
- Só

UTASÍTÁS:
a) A kolbászt egy serpenyőben megpirítjuk és félretesszük.
b) Egy tálban habosra keverjük a tojásokat a tejjel, a sütőporral, a borssal és a sóval.
c) Adjuk hozzá a kolbászt, a túrót, a paradicsomot, a parmezán sajtot és a cheddar sajtot, és jól keverjük össze.
d) A tojásos keveréket a kivajazott tepsibe öntjük.
e) Válassza ki a sütési módot, majd állítsa a hőmérsékletet 350 °F-ra, és állítsa be 45 percig. Nyomja meg a startot.
f) Miután a Ninja Foodi Digital Air Fryer Oven sütőt előmelegítette, helyezze be a sütőedényt a sütőbe.
g) Szeleteljük és tálaljuk.

14. Túrós élesztőtekercs

ÖSSZETEVŐK:

- 2 csomag (egyenként 1/4 uncia) aktív száraz élesztő
- 1/2 csésze meleg víz (110-115°)
- 2 csésze (16 uncia) 4%-os túró
- 2 tojás
- 1/4 csésze cukor
- 2 teáskanál sót
- 1/2 teáskanál szódabikarbóna
- 4-1/2 csésze univerzális liszt

UTASÍTÁS:

a) Egy nagy tálban oldjuk fel az élesztőt meleg vízben. Egy kis serpenyőben melegítse fel a túrót 110-115 °C-ra. Adjuk hozzá az élesztős keverékhez a tojást, a túrót, a sót, a cukrot, a 2 csésze lisztet és a szódabikarbónát. Verjük simára. Keverjen hozzá annyi maradék lisztet, hogy kemény tésztát kapjon (a tészta ragacsos lesz).

b) Lisztezett felületre fordítjuk; dagasszuk körülbelül 6-8 percig, amíg rugalmas és sima nem lesz. Kiolajozott tálba tesszük, egyszer megforgatjuk, hogy megkenjük a tetejét.

c) Meleg helyen letakarva körülbelül 1 órát kelesztjük, amíg a duplájára nem nő.

d) Nyomd le a tésztát. Enyhén lisztezett felületre fordítjuk; 30 darabra vágjuk. Formázz minden darabot tekercsbe. Kikent tepsire helyezzük egymástól 2 hüvelyk távolságra. Fedjük le és hagyjuk kelni körülbelül 30 percig, amíg a duplájára nő.

e) Süssük 350 °C-on közel 10-12 percig, vagy amíg aranybarna színt nem kapnak. Vigyük rácsra.

15. Hagymás kapros kenyér

ÖSSZETEVŐK:
- 2 teáskanál aktív száraz élesztő
- 3-1/2 csésze kenyérliszt
- 1 teáskanál só
- 1 tojás
- 3/4 csésze tejszínes túró
- 3/4 csésze tejföl
- 3 evőkanál cukor
- 3 evőkanál darált szárított hagyma
- 2 evőkanál kapormag
- 1-1/2 evőkanál vaj

UTASÍTÁS:
a) Tegye az első négy hozzávalót a kenyérsütőgép tepsibe a megadott sorrendnek megfelelően. A többi hozzávalót egy serpenyőben összekeverjük, majd melegre melegítjük (ne forraljuk).
b) Tedd át a kenyérsütőformába.
c) Állítsa a gépet "fehér kenyér" beállításra, majd süsse meg a kenyérsütőgép utasítása szerint.

16. Protein power gofri

ÖSSZETEVŐK:
- 6 nagy tojás
- 2 csésze túró
- 2 csésze régimódi hengerelt zab
- ½ teáskanál vanília kivonat
- Csipet kóser só
- 3 csésze zsírmentes natúr joghurt
- 1 ½ csésze málna
- 1 ½ csésze áfonya

UTASÍTÁS:

a) Melegítsen elő egy gofrisütőt közepesen magasra. Enyhén olajozza be a vasaló tetejét és alját, vagy kenje be tapadásmentes spray-vel.

b) A tojásokat, a túrót, a zabot, a vaníliát és a sót turmixgépben összedolgozzuk, és simára turmixoljuk.

c) Öntsön egy kevés ½ csésze tojáskeveréket a gofrisütőbe, óvatosan zárja le, és süsse aranybarnára és ropogósra 4-5 percig.

d) Helyezze a gofrit, joghurtot, málnát és áfonyát az ételkészítő edényekbe.

17. Ukrán reggeli hasis

ÖSSZETEVŐK:

- 10 yukon arany vagy rozsda burgonya kockákra vágva
- 2 evőkanál friss bébi kapor apróra vágva
- 1 hagyma (közepes) apróra vágva
- ⅔ csésze savanyú káposzta folyadék kinyomva és apróra vágva,
- 1 db 375 grammos karikás duplafüstölt ukrán kolbász, karikára szeletelve
- 2 ½ csésze gomba szeletelve
- 1 zöldpaprika apróra vágva
- 2 evőkanál növényi olaj
- 3 evőkanál vaj
- 1 csésze száraz túró
- 2 gerezd fokhagyma zúzott d
- 1 teáskanál só
- ½ teáskanál bors
- tojás

UTASÍTÁS:

a) Vágja kockára a burgonyát, és süsse a burgonyát a mikrohullámú sütőben fedetlen tányéron kb. 15 percig, vagy amíg a villával könnyen át nem megy a burgonyadarabokon, de még mindig szilárd/tartós alakja van.

b) Közben: egy nagy serpenyőben/serpenyőben hevítsünk olajat közepesen magas hőmérsékletre, és pároljuk a kubassa/kielbasát 3-4 percig, rendszeresen kevergetve és átforgatva, majd tányérra szedjük. Félretesz, mellőz.

c) Öntsünk még 1 evőkanál étolajat a serpenyőbe, majd pároljuk közepesen alacsony hőmérsékleten 5 percig zöldpaprikát, hagymát és fokhagymát. Adjuk hozzá a gombát, és főzzük további 3-4 percig. Tegyük félre egy külön tálba.

d) Adjunk hozzá vajat a serpenyőhöz, és főzzük a burgonyát, rendszeresen kevergetve és átforgatva, 15 percig, amíg kívül barnul, belül pedig megpuhul.

e) Ezután adjuk vissza a zöldpaprika/hagyma keveréket a serpenyőbe, valamint a kubassát, a savanyú káposztát, a száraz túrót, és főzzük keverés közben további körülbelül 10 percig.

f) Ha tojást használ: főzzön tojást ízlés szerint, és helyezze a hash tetejére.

18. Reggeli szendvicsek

ÖSSZETEVŐK:

- 1 tojás
- 1 evőkanál száraz túró
- ½ teáskanál kapor
- 1 evőkanál tejföl
- ⅓ csésze szeletelt ukrán kielbasa
- 1 teáskanál mustár
- ½ teáskanál torma
- 1 teljes kiőrlésű angol muffin
- 2 paradicsom szelet

UTASÍTÁS:

a) Toast angol muffin.
b) Fújja be a kávésbögre belsejét tapadásmentes főzőpermettel. A tojást a formába törjük, és hozzáadjuk a száraz túrót és a kaprot. Egy másodpercig óvatosan keverjük, és ne törjük össze a sárgáját.
c) Tegye a tojásos keveréket a mikrohullámú sütőbe 30-40 másodpercre (fedővel), vagy amíg a tojás megszilárdul. Óvatosan lazítsa meg a kést a forma belseje és a tojás között.
d) Keverjük össze a tejfölt, a tormát és a mustárt. Egyenletesen eloszlatjuk az angol muffin mindkét oldalát.
e) Az angol muffin egyik oldalát megkenjük felszeletelt kielbasával, és óvatosan csúsztassuk ki a főtt tojást a bögréből és a kielbasa tetejére.
f) Hozzáadjuk a szeletelt paradicsomot. A tetejére angol muffin másik fele kerüljön.
g) Azonnal tálaljuk.

19. Бабка

ÖSSZETEVŐK:

- 1 csomag Aktív száraz élesztő
- csipet Cukor
- ¼ csésze meleg víz
- ½ csésze sózatlan vaj, olvasztott
- ¼ csésze cukor
- 1½ teáskanál Só
- 2 teáskanál vanília kivonat
- ½ teáskanál mandula kivonat
- ¾ csésze meleg tej
- 3 tojás
- 4 csésze fehérítetlen univerzális liszt
- 2 evőkanál sótlan vaj, tészta kenéséhez
- 3 evőkanál vaníliás porcukor vagy porcukor
- 1½ csésze száraz túró
- ⅓ csésze cukor
- 1½ evőkanál tejföl
- 1½ evőkanál liszt
- 1 db tojás
- 1 teáskanál citromhéj
- ½ teáskanál vanília kivonat
- 3 evőkanál ribizli
- 2 evőkanál konyak 1/2 óráig

UTASÍTÁS:

a) Az élesztőt és a cukrot egy kis tálkában forró vízbe szórjuk, és feloldjuk. Hagyjuk állni, amíg habos nem lesz, körülbelül 10 percig. Egy nagy tálban keverje össze a vajat, cukrot, sót, vaníliát, mandulát, tejet, tojást és 1 csésze lisztet. Habverővel simára verjük. Add hozzá az élesztős keveréket. Verjük 3 percig, vagy amíg sima nem lesz.

b) Fakanállal ½ csészénként adjunk hozzá lisztet, amíg puha tésztát nem kapunk. A tésztát enyhén lisztezett felületre borítjuk, és körülbelül 5 perc alatt simára és selymesre gyúrjuk.

c) Ügyeljen arra, hogy a tészta puha maradjon. Kiolajozott tálba tesszük, egyszer megforgatjuk, hogy kikenjük a tetejét, és lefedjük műanyag fóliával. Hagyja meleg helyen a duplájára kelni, körülbelül 1 és fél óráig. Közben a töltelék hozzávalóit egy tálban összedolgozzuk, krémesre verjük. Óvatosan kiengedjük a tésztát, enyhén lisztezett deszkára borítjuk, és 10 x 12 hüvelykes téglalappá nyújtjuk.

d) Megkenjük olvasztott vajjal. Megkenjük a töltelékkel úgy, hogy a tészta körül ½ hüvelykes szegélyt hagyunk. Roll up zselés tekercs divat és csipet varrások. Az egyik végét megfogva csavarja meg a tésztát körülbelül 6-8-szor, hogy egy kötél legyen.

e) Lapos tekercset formázunk, és jól kikent 10-12 csésze formába vagy csőtepsibe tesszük. Csípje össze a végeit, és igazítsa a tésztát úgy, hogy egyenletesen feküdjön a serpenyőben, legfeljebb ⅔-ig.

f) Lazán fedjük le műanyag fóliával, és hagyjuk kelni, amíg a serpenyő tetejével egyenletesen, körülbelül 45 percig. Süssük előmelegített 350 fokos sütőben 40-45 percig, vagy amíg aranybarna nem lesz, és a süteménytesztelő tiszta lesz. Üreges hang hallható, amikor megérinti. Hagyjuk állni 5 percig a tepsiben, majd tegyük át a tepsiből egy rácsra, hogy teljesen kihűljön.

g) Hagyja állni 4 órát vagy egy éjszakát, műanyagba csomagolva, mielőtt felszeletelné. Porcukorral meghintjük vagy porcukormázzal meglocsoljuk.

20. Pirospaprika és túrós frittatas

ÖSSZETEVŐK:
- ½ piros kaliforniai paprika, kockára vágva
- 2 Egyesült Királyság nagy (USA-nagy) szabadtartású tojás
- 4 evőkanál túró
- 1 evőkanál frissen reszelt parmezán sajt
- 2 újhagyma (hagyma), szeletelve
- 2 tk frissen vágott petrezselyem
- csipetnyi frissen reszelt szerecsendió
- csipetnyi frissen őrölt fekete bors
- csipet tengeri (kóser) sót

UTASÍTÁS:
a) Melegítsd elő a sütőt 180 C-ra, légkeveréses, 350 F, Gas Mark 6.

b) 2 tűzálló ramekint kivajazunk, és sütőpapíros tepsire tesszük.

c) Távolítsuk el a magokat és a magot a pirospaprikáról, és kockázzuk fel. Az újhagymát (hagymahagyma) finomra vágjuk. A petrezselymet felaprítjuk.

d) Törjük fel a tojásokat egy tálba. Ízesítsük tengeri (kóser) sóval, borssal és egy bőséges szerecsendióreszelékkel, és enyhén habverjük fel.

e) Belekeverjük a túrót, a pirospaprikát, az újhagymát (hagyma) és az apróra vágott petrezselymet. Osszuk el a keveréket a ramekinek között, és szórjuk rá a reszelt parmezán sajtot.

f) 18-20 percig sütjük, vagy amíg meg nem puhul. Hagyjuk kicsit hűlni, mielőtt kivesszük a formából és tálaljuk.

g) Ezeket melegen vagy lehűtve fogyaszthatjuk, és egy zárt edénybe csomagoljuk reggelire menet közben.

21. Kéregtelen tengeri quiche

ÖSSZETEVŐK:

- 4 tojás
- 1 csésze tejföl
- 1 csésze zsírszegény túró
- ½ csésze parmezán sajt
- 4 evőkanál Liszt
- 1 teáskanál Hagymapor
- ¼ teáskanál Só
- 4 uncia konzerv gomba; lecsapolt
- ½ font Monterey jack sajt
- 8 uncia saláta garnélarák
- 1 teáskanál citromhéj
- 1 evőkanál zöldhagyma fej,
- 8 uncia rák vagy surimi
- 1 teáskanál citromhéj
- ¼ csésze szeletelt mandula
- 15½ uncia konzerv vörös lazac
- ½ teáskanál kaporfű

UTASÍTÁS:

a) Egy turmixgépben keverje össze az első 7 hozzávalót. Keverjük simára. Rendezzük el a sajtot, a tenger gyümölcseit, a gombát és a fűszereket egy quiche-edényben. Öntsük a kevert hozzávalókat felett.

b) Süssük 350 F.-on 45 percig, vagy amíg a közepébe helyezett kés tisztán ki nem jön.

c) Vágás előtt 5 percig állni hagyjuk

22. Amish reggeli rakott

ÖSSZETEVŐK:

- 1/2 font bacon
- 1/2 font reggeli kolbász
- 1/2 teáskanál só
- 1/2 teáskanál fekete bors
- 1/4 teáskanál fokhagyma por
- 1 teáskanál forró szósz
- 2 nagy sült burgonya, kihűtve és felaprítva
- 1 kis hagyma, apróra vágva
- 8 uncia éles cheddar sajt, felaprítva - osztva
- 8 uncia svájci sajt, felaprítva - osztva
- 6 tojás, enyhén felverve
- 1 1/2 csésze túró

UTASÍTÁS:

a) Kezdje a szalonna és a kolbász főzésével. Szeretem a szalonnát a sütőben sütni. Csak béleljünk ki egy nagy peremes tepsit alufóliával, helyezzük a bacont a tálcára, ügyelve arra, hogy a darabok ne érintkezzenek. Tegye a szalonnás tepsit HIDEG sütőbe a középső polcra.

b) Kapcsolja be a sütőt 400 fokra, és hagyja a szalonnát körülbelül 18-22 percig sütni, vagy amíg a bacon szép és ropogós nem lesz.

c) Amíg a szalonna sül, addig pároljuk a kolbászt, amíg meg nem fő. Vegyük ki a serpenyőből, és tegyük félre a kolbászt egy papírtörlővel bélelt tányérra. Ugyanebben a serpenyőben megdinszteljük a kockára vágott hagymát. Bármilyen más zöldséget is megpiríthat, amelyet ebben az időben bele szeretne tenni (piros vagy zöld kaliforniai paprika, cukkini, gomba stb.).

d) Ha megsült a bacon, óvatosan vegyük ki a tepsit a sütőből, és tegyük át a szalonnát egy papírtörlővel bélelt tányérra. Amikor a szalonnának volt néhány perce lecsepegni, vágja a szalonnát és a kolbászt apró falatnyi darabokra.

e) Egy nagy tálban keverje össze a reszelt burgonyát sóval, fekete borssal, fokhagymaporral és forró szósszal. Keverje hozzá a túrót, és 1/4-1/2 csésze cheddar és svájci sajt kivételével (ezt használja a tetejére).

f) Keverje hozzá a szalonnát és a kolbászt, de ügyeljen arra, hogy mindegyikből 1/4 csésze tartson a tetejére.

g) Ezután keverje hozzá a párolt zöldségeket.

h) Hozzákeverünk 6 enyhén felvert tojást.

i) Kenjen ki egy 9 x 13 hüvelykes serpenyőt vagy két kisebb serpenyőt, ha azt szeretné, hogy az egyik rakott ételt megenje, a másik pedig, hogy lefagyjon később. A keveréket szétterítjük a serpenyő(k)ben. A tetejére fenntartott sajtot, szalonnát és kolbászt teszünk.

j) Ezen a ponton, ha ezt előre elkészíti, takarja le a tepsit alufóliával, és helyezze be

k) hűtőszekrény. Körülbelül 30 perccel a sütés előtt vegyük ki a hűtőből, hogy kezdjen szobahőmérsékletűre melegedni.

l) Ha egyszerre tervezi elkészíteni és sütni, akkor melegítse elő a sütőt 350 fokra.

m) Süssük a tepsit 35-40 percig, vagy amíg az összes sajt elolvad és felpezsdül, és a tepsi fel nem áll a közepén. Ekkor vagy kiveheti a tepsit a sütőből, vagy bekapcsolhatja a brojlert, és néhány percig sütheti a rakott tésztát, hogy a sajt megpiruljon.

n) Néhány percig hagyjuk hűlni a tepsit, majd darabokra vágjuk és tálaljuk.

NAGYSZEREK ÉS ELŐÉTELEK

23. Túrós töltött narancs

ÖSSZETEVŐK:
- 4 narancs
- ½ csésze túró
- ¼ csésze szárított áfonya
- ¼ csésze apróra vágott pisztácia vagy pekándió
- Méz a szitáláshoz

UTASÍTÁS:
a) Vágja le minden narancs tetejét és alját, hogy felfedje a húsát.
b) Vágjuk körbe a narancs belsejét, válasszuk el a húsát a héjától.
c) Egy tálban keverjük össze a túrót, a szárított áfonyát és az apróra vágott pisztáciát.
d) Minden narancsot megtöltünk a túrós keverékkel.
e) Csorgassunk mézet a töltött narancsra.
f) Hűtve tálaljuk.

24. Spenót Empanadas

ÖSSZETEVŐK:
A PÉTÉMÁHOZ:
- 16 uncia krémsajt, lágyítva
- ¾ csésze vaj, lágyítva
- 2 ½ csésze liszt
- ½ teáskanál só

A TÖLTETÉSHEZ:
- ¼ csésze hagyma, finomra vágva
- 3 gerezd fokhagyma, felaprítva
- 4 szelet bacon, megfőzve és összetörve
- 1 evőkanál bacon csepegtető
- 10 uncia spenót, fagyasztva, felolvasztva és lecsepegtetve
- 1 csésze túró
- ¼ teáskanál bors
- ⅛ teáskanál őrölt szerecsendió
- 1 tojás, felvert

UTASÍTÁS:
A PÉTÉMÁHOZ:
a) Egy nagy keverőtálban keverjük simára a lágy krémsajtot és a puha vajat. Ehhez használhatunk álló mixert, mivel a keverék nehéz.

b) Fokozatosan adjuk hozzá a lisztet és a sót. Kézzel enyhén gyúrjuk a tésztát, amíg összeáll.

c) Fedjük le a tésztát műanyag fóliával, és tegyük hűtőbe legalább 3 órára.

A TÖLTETÉSHEZ:
d) Egy közepes serpenyőben az apróra vágott hagymát és a darált fokhagymát a szalonnacsepegésben addig főzzük, amíg a hagyma megpuhul, de nem barnul meg.

e) Hozzákeverjük a morzsolt bacont, a felengedett és lecsepegtetett spenótot, a túrót, a borsot és az őrölt szerecsendiót. Hagyja lehűlni a keveréket.

ÖSSZESZERELÉS:

f) Melegítse elő a sütőt 230°C-ra (450°F).
g) A kihűlt tésztát lisztezett felületen $\frac{1}{8}$ hüvelyk vastagságúra nyújtjuk.
h) 3 hüvelykes körvágóval vágjunk ki köröket a tésztából.
i) Tegyünk körülbelül 1 teáskanálnyit az elkészített töltelékből minden tésztakör egyik oldalára, a közepétől távolabb.
j) A tésztakör szélét megnedvesítjük a felvert tojással.
k) Hajtsa félbe a tésztát a töltelékre, így félkör alakú empanadát készít.
l) A széleket villafogakkal megnyomva zárjuk le.
m) A villával bökd meg minden tészta tetejét, hogy szellőzőnyílást hozz létre.
n) Helyezze az empanadákat egy kiolajozott tepsire.
o) Az empanadák tetejét megkenjük a felvert tojással.
p) Előmelegített sütőben 10-12 percig sütjük, vagy amíg aranybarnák nem lesznek.
q) Élvezze a finom spenót Empanadákat!

25. Ázsiai túrós keksz

ÖSSZETEVŐK:

- 400 gramm túró
- 200 gramm koktélparadicsom
- 160 gramm liszt
- 1 csésze friss bazsalikom
- 1 csésze friss metélőhagyma
- 1 evőkanál olívaolaj
- 1 evőkanál ázsiai fűszernövény
- Egy csipetnyi durva tengeri só
- Egy csipet egész szivárványbors

UTASÍTÁS:

a) Melegítse elő a sütőt 200°C-ra, hogy a legjobb eredményt érje el a kekszet.

b) Kezdje azzal, hogy megmossuk a koktélparadicsomokat, eltávolítjuk a levüket és a magjaikat, majd apróra vágjuk. A friss bazsalikomot és a metélőhagymát vékonyan felszeleteljük.

c) Egy tálban keverjük össze a túrót, a friss bazsalikomot és a friss metélőhagymát a liszttel. Fűszerezze a keveréket egy csipet Kotányi tengeri sóval és szivárványborssal ízlés szerint. Hozzákeverünk 1 evőkanál Kotányi Ázsiai fűszernövényt, és alaposan összekeverjük.

d) Egy tepsit kibélelünk sütőpapírral, és meglocsoljuk olívaolajjal. A keverékből köröket formázunk, és a tálcára helyezzük. Előmelegített sütőben kb 8-10 percig sütjük. Ne felejtse el megfordítani a köröket a sütési idő felénél, és megkenni a finomra vágott paradicsommal.

26. Koktélparti húsgombóc

ÖSSZETEVŐK:
- ¼ csésze Zsírmentes túró
- 2 tojásfehérje
- 2 teáskanál Worcestershire szósz
- ½ csésze Plusz 2 evőkanál sima zsemlemorzsa
- 8 uncia őrölt pulykamell
- 6 uncia pulykakolbász; eltávolítva a burkolatokból
- 2 evőkanál Darált hagyma
- 2 evőkanál Darált zöldpaprika
- ½ csésze Vágott friss petrezselyem és zellerlevél

UTASÍTÁS:
a) Fújjon be egy sütilapot tapadásmentes spray-vel, és tegye félre.
b) Egy nagy tálban keverjük össze a túrót, a tojásfehérjét, a Worcestershire szószt és a ½ csésze zsemlemorzsát. Keverje hozzá a pulykamellet, a pulykakolbászt, a hagymát és a zöldpaprikát.
c) Formázzunk a baromfi keverékből 32 húsgombócot. Egy viaszpapíron keverje össze a petrezselymet, a zellerleveleket és a maradék 2 evőkanál zsemlemorzsát. Forgassa meg a húsgombócokat a petrezselymes keverékben, amíg egyenletes bevonat nem lesz.
d) Helyezze a húsgombócokat az előkészített tepsire. 10-12 percig sütjük 3-4 hüvelykre a tűzről.

27. Túrós és ananászos Pinwheels

ÖSSZETEVŐK:

- 2 1 uncia 30 g kéregtelen szelet Fehér kenyér
- 2 teáskanál zsírszegény kenhető.
- 2 uncia 60 g Zsírszegény túró Ananászos
- Mandula vagy sózatlan földimogyoró apróra vágva

UTASÍTÁS:

a) A kenyérszeleteket egyenletesen bevonjuk a zsírszegény kenettel.

b) A túróból 2 teáskanálnyit félreteszünk, a többit elosztjuk a kenyerek között, hogy ellepje a felületet.

c) Tekerjük fel kolbászformákra

d) A félretett túrót teáskanállal simára pépesítjük, majd a feltekercselt szendvics hosszában kissé eloszlatjuk.

e) Enyhén pirítsd meg az apróra vágott diót, és szórd meg vele a tekercs mentén. Egyszerre tálaljuk.

28. Desszert cukkinis rántott

ÖSSZETEVŐK:

- 2 tojás
- ⅔ csésze zsírszegény túró
- 2 szelet fehér vagy WW kenyér morzsolt
- 6 teáskanál cukor
- 1 csipetnyi só
- ½ teáskanál sütőpor
- 2 teáskanál növényi olaj
- 1 teáskanál vanília kivonat
- ½ teáskanál őrölt fahéj
- ¼ teáskanál őrölt szerecsendió
- ⅛ teáskanál őrölt szegfűbors
- 2 evőkanál mazsola
- 1 csésze Végül felaprított cukkini hámozatlanul

UTASÍTÁS:

a) A mazsola és a cukkini kivételével az összes hozzávalót összedolgozzuk. Keverjük simára.
b) Öntsük a keveréket egy tálba.
c) A tojásos keverékhez keverjük a cukkinit és a mazsolát.
d) Melegítsen elő egy tapadásmentes serpenyőt vagy rácsot közepesen magas hőfokon.
e) Csepegtessük a tésztát a rácsra egy nagy kanállal, így 4 hüvelykes süteményeket készítünk.
f) Óvatosan fordítsa meg a rántásokat, amikor a széle kiszáradt.

29. Chile Sajtos Soufflé négyzetek

ÖSSZETEVŐK:

- 8 evőkanál valódi vaj
- ½ csésze liszt
- 1 teáskanál sütőpor
- csipetnyi sót
- 10 tojás
- 7 uncia doboz négy sült zöld chili, lecsepegtetve
- 2 csésze túró
- 1 kiló Monterey jack sajt, aprítva

UTASÍTÁS:

a) Szeletelje fel a vajat nagy kockákra, és tegye egy 9 × 13-as serpenyőbe.
b) Helyezze a serpenyőt a sütőbe, és előmelegítse 400 fokra.
c) Egy nagy keverőtálban keverjük össze a lisztet, a sütőport és a sót.
d) Adjunk hozzá 1-2 tojást, és keverjük csomómentesre a keveréket.
e) Adjuk hozzá a többi tojást, és keverjük simára.
f) Keverje hozzá a zöld chilit, a túrót és a jacksajtot, és addig keverje, amíg össze nem áll.
g) Vegye ki a serpenyőt a sütőből, és döntse meg a serpenyőt úgy, hogy a vaj bevonja az egészet, majd óvatosan öntse a vajat a tojásos keverékhez, és keverje össze.
h) Öntse vissza a keveréket a meleg serpenyőbe.
i) Amikor a sütő előmelegedett, helyezzük a serpenyőt a sütőbe, és süssük 15 percig.
j) Csökkentse a hőt 350 fokra, és süsse további 35-40 percig, vagy amíg a teteje aranybarna és enyhén megpirul.

k) Hagyja hűlni 10 percig, mielőtt kockákra vágja és tálalja.

30. Spenót roll-up

ÖSSZETEVŐK:

- 6 uncia Lasagna tészta, nyersen
- 10 uncia spenót, fagyasztva
- 1 csésze zsírszegény túró 2%
- 2 evőkanál parmezán, lereszelve
- $\frac{3}{4}$ teáskanál szerecsendió
- $\frac{1}{4}$ teáskanál bors
- $\frac{1}{2}$ teáskanál narancshéj
- $\frac{1}{2}$ evőkanál gerezd fokhagyma darált
- $\frac{1}{2}$ csésze hagyma apróra vágva
- 3 evőkanál extra szűz olívaolaj
- $\frac{1}{2}$ evőkanál szárított bazsalikom
- 16 uncia paradicsomszósz, konzerv

UTASÍTÁS:

a) Amíg a 8 lasagne tészta fő.
b) A töltelékhez keverjük össze a 2-7.
c) A kifőtt tésztát lehűtjük és laposra fektetjük.
d) A töltelékből két-három evőkanálnyi főtt tésztát kenünk, és végükig feltekerjük.
e) Álljon fel egy kétnegyedes rakott serpenyőbe vagy zsírozott, nyolc hüvelykes, négyzet alakú serpenyőbe.
f) A többi hozzávalóból elkészítjük a szószt.
g) A fokhagymát és a hagymát olívaolajon puhára pároljuk.
h) Adjunk hozzá bazsalikomot és paradicsomszószt. Keverjük teljesen össze.
i) Öntsük a lasagne tésztára, és süssük 350 fokon 20 percig.

31. Epres túrószeletek

ÖSSZETEVŐK:
- 16 uncia karton túró
- 2 evőkanál liszt
- ¾ csésze cukor
- 2 tojás, jól felverve
- Reszelt citromhéj
- 2 evőkanál citromlé
- ¼ csésze nehéz tejszín
- Csipet só
- 2 teáskanál vanília
- ½ teáskanál szerecsendió
- ½ csésze arany mazsola
- ½ csésze apróra vágott dió
- 1 csésze friss eper meghámozva és szeletelve, plusz még több díszítéshez
- Mentalevél, két köret

UTASÍTÁS:
a) Melegítsd elő a sütőt 175°C-ra (350°F).
b) Készítsen elő egy sütőedényt főzőspray-vel vagy vajjal kikenve.

ELKÉSZÍTSE A TÖLTETÉST:
c) Egy nagy tálban keverjük össze a túrót, a lisztet, a cukrot, a citromhéjat, a citromlevet, a tejszínt, a sót, a vaníliát, a szerecsendiót és az arany mazsolát.
d) Addig keverjük, amíg az összes összetevő jól össze nem keveredik.
e) A felszeletelt friss epret óvatosan a masszába forgatjuk. Az eper gyümölcsös ízt ad a rudakba.

SÜT:

f) A keveréket az előkészített tepsibe öntjük és egyenletesen elosztjuk.
g) A tetejére szórjuk az apróra vágott diót.
h) Körülbelül 45 percig sütjük, vagy amíg a rudak megpuhulnak.
i) Ha elkészült, a tetejére még egy kis szerecsendiót szórhat, hogy még ízesebb legyen.
j) Díszítsd néhány friss eperrel és mentalevéllel.
k) Vágás előtt hűtsük le.

32. Töltött padlizsán

ÖSSZETEVŐK:
- 4 kis padlizsán, hosszában félbevágva
- 1 teáskanál friss limelé
- 1 teáskanál növényi olaj
- 1 kisebb hagyma, apróra vágva
- ¼ teáskanál fokhagyma, apróra vágva
- ½ apró paradicsom apróra vágva
- Só és őrölt fekete bors, igény szerint
- 1 evőkanál túró, apróra vágva
- ¼ zöld kaliforniai paprika, kimagozva és apróra vágva
- 1 evőkanál paradicsompüré
- 1 evőkanál friss koriander, apróra vágva

UTASÍTÁS:
a) Mindegyik padlizsán egyik oldaláról hosszában óvatosan vágjunk egy szeletet.
b) Minden padlizsánból kiskanállal kikanalazzuk a húst, vastag héjat hagyva.
c) Tegye át a padlizsán húsát egy tálba.
d) A padlizsánokat egyenletesen meglocsoljuk lime levével.
e) Nyomja meg a Ninja Foodi Digital Air Fryer Oven AIR OVEN MODE gombot, és forgassa el a tárcsát az „Air Fry" mód kiválasztásához.
f) Nyomja meg az IDŐ/SZELETEK gombot, és ismét forgassa el a forgatógombot, hogy a főzési időt 3 percre állítsa.
g) Most nyomja meg a TEMP/SHADE gombot, és forgassa el a tárcsát, hogy a hőmérsékletet 320 °F-ra állítsa.
h) Nyomja meg a "Start/Stop" gombot az indításhoz.
i) Amikor a készülék sípolással jelzi, hogy előmelegített, nyissa ki a sütő ajtaját.

j) Az üreges padlizsánokat a kivajazott levegős sütőkosárba helyezzük, és betesszük a sütőbe.

k) Közben egy serpenyőben közepes lángon hevítsük fel az olajat, és pároljuk meg a hagymát és a fokhagymát körülbelül 2 percig.

l) Adjuk hozzá a padlizsánhúst, a paradicsomot, a sót és a fekete borsot, és pároljuk körülbelül 2 percig.

m) Keverjük hozzá a sajtot, a kaliforniai paprikát, a paradicsompürét és a koriandert, és főzzük körülbelül 1 percig.

n) A zöldségkeverék serpenyőjét levesszük a tűzről.

o) A sütési idő letelte után nyissa ki a sütő ajtaját, és tányérra helyezze a megfőtt padlizsánokat.

p) Töltsön meg minden padlizsánt a zöldségkeverékkel.

q) Zárja le mindegyiket a vágott részével.

33. Töltött gomba sajttal

ÖSSZETEVŐK:

- 1 evőkanál vaj, megpuhult
- 1 medvehagyma, apróra vágva
- 2 gerezd fokhagyma, felaprítva
- 1 ½ csésze túró, szobahőmérsékleten
- 1/2 csésze Romano sajt, reszelve
- 1 piros kaliforniai paprika, apróra vágva
- 1 zöld kaliforniai paprika, apróra vágva
- 1 jalapeno paprika, darálva
- 1/2 teáskanál szárított bazsalikom
- 1/2 teáskanál szárított oregánó
- 1/2 teáskanál szárított rozmaring
- 10 db közepes méretű gomba, szárát eltávolítva

UTASÍTÁS:

a) Nyomja meg a „Sauté" gombot az Instant Pot felmelegítéséhez. Ha forró, olvasszuk fel a vajat, és pároljuk puhára és áttetszőre a medvehagymát.

b) Keverjük hozzá a fokhagymát, és főzzük további 30 másodpercig, amíg aromás nem lesz. Most adjuk hozzá a többi hozzávalót, kivéve a gomba sapkáját, és keverjük jól össze.

c) Ezután töltse meg a gomba sapkáját ezzel a keverékkel.

d) Adjon hozzá 1 csésze vizet és egy párolókosarat az Instant Pothoz. A töltött gombát elrendezzük a párolókosárban.

e) Rögzítse a fedelet. Válassza a „Kézi" módot és a Magas nyomást; 5 percig főzzük. A főzés befejezése után használjon gyors nyomásoldót; óvatosan távolítsa el a fedelet.

f) A töltött gombát egy tálra rendezzük, és tálaljuk. Élvezd!

34. Túrós golyók csokimázzal

ÖSSZETEVŐK:

- 500 gramm zsíros túró
- 300 gramm kókuszolaj
- 2 evőkanál. Kár
- 100 gramm étcsokoládé
- 50 ml tejszín

UTASÍTÁS:

a) Egy nagy keverőtálban keverjük össze a túrót és a bőrt. Keverjünk hozzá 200 gramm kókuszolajat, amíg a keverék egyenletes színt nem kap.

b) Kis golyókat kell formázni, majd egy edénybe rakni, mielőtt 15 percig lefagyasztjuk. A csokoládédarabokat vízfürdőben, lassú tűzön felolvasztjuk. 100 gramm kókuszolajat és tejszínt kell hozzáadni.

c) A masszához keverés után 5 percig főzzük. A fagyasztott túrógolyókat csokimázzal bevonva 25 percre a fagyasztóba tesszük.

35. Túrós szezámgolyók

ÖSSZETEVŐK:

- 16 uncia farmer sajt vagy túró
- 1 csésze finomra vágott mandula
- 1 és 1/2 csésze zabpehely

UTASÍTÁS:

a) Egy nagy tálban keverjük össze a turmixot, a mandulát és a zabpelyhet.

b) Golyókat formálunk és megforgatjuk a szezámmag keverékben.

36. Túrós süti

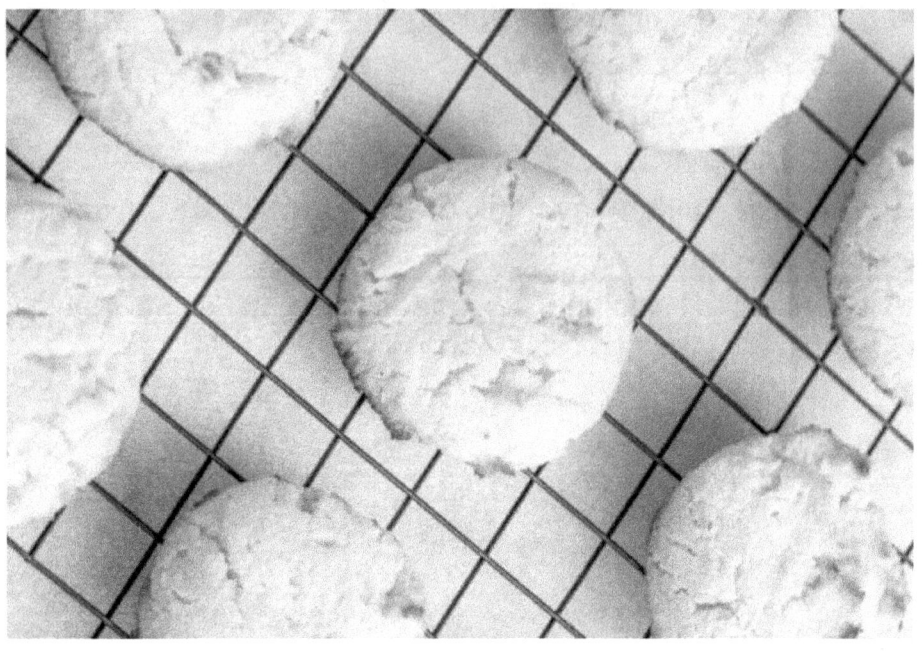

ÖSSZETEVŐK:

- ½ csésze vaj vagy vajhelyettesítő
- 1½ csésze liszt
- 2 teáskanál sütőpor
- ½ csésze túró
- ½ csésze cukor
- ½ teáskanál Só

UTASÍTÁS:

a) A vajat és a sajtot alaposan összekeverjük. A lisztet átszitáljuk, kimérjük, és a cukorral, sütőporral és sóval szitáljuk. Fokozatosan adjuk hozzá az első keverékhez. Vekniké formázzuk. Hűtsük le egy éjszakán át. Vékonyra szeleteljük.

b) Enyhén olajozott tepsire tesszük. Mérsékelt sütőben (400 F) sütjük 10 percig, vagy amíg finom barna nem lesz.

37. Túrós zabpehely süti

ÖSSZETEVŐK:
- 1 csésze Liszt
- 1 teáskanál Só
- ½ teáskanál szódabikarbóna
- 1 teáskanál fahéj
- 1½ csésze cukor
- ½ csésze melasz
- 1 Verjük fel a tojást
- 1 teáskanál citromhéj
- 1 evőkanál citromlé
- ¾ csésze olvasztott zsiradék
- ½ csésze tejszínes túró
- 3 csésze Gyorsan főző hengerelt zab

UTASÍTÁS:

a) Szitáljuk össze a lisztet, a sót, a szódabikarbónát és a fahéjat. Keverjük össze a következő öt hozzávalót , majd adjuk hozzá az átszitált lisztkeveréket, a zsiradékot és a túrót.

b) Belekeverjük a hengerelt zabot. Csepegtess teáskanálnyi mennyiséget egy kivajazott tepsire, és süsd készre 350-375 fokon.

38. Sous Vide tojásfalatok

ÖSSZETEVŐK:
- 1/2 teáskanál Só
- 4 tojás
- 4 szelet bacon, apróra vágva
- 3/4 csésze parmezán sajt, reszelve
- 1/2 csésze túró, reszelve
- 1/4 csésze nehéz tejszín
- 1 csésze Víz

UTASÍTÁS:
a) Kapcsolja be az instant edényt, nyomja meg a „saute/simmer" gombot, várja meg, amíg felforrósodik, és adja hozzá a szalonnát.

b) Az apróra vágott szalonnát legalább 5 percen keresztül ropogósra főzzük, papírtörlővel bélelt tányérra tesszük, 5 percig pihentetjük, majd morzsoljuk össze.

c) A tojásokat egy tálba felütjük, sózzuk, hozzáadjuk a sajtokat és a tejszínt, és simára turmixoljuk. A szétmorzsolt szalonnát egyenletesen elosztjuk egy szilikon tálca olajjal kikent formái között, majd beleöntjük a tojásos keveréket 3/4-ig, és a tálcát lazán lefedjük alufóliával.

d) Nyomja meg a „melegen tartás" gombot, öntsön vizet az instant edénybe, majd helyezze be az állványt, és helyezze rá a szilikontálcát.

e) Zárja le az instant edényt a fedővel, majd nyomja meg a „gőz" gombot, a „+/-" gombbal állítsa be a főzési időt 8 percre, és főzze magas nyomáson; amikor a nyomás megnő az edényben, az időzítő elindul.

f) Amikor az instant edény zümmög, nyomja meg a „melegen tartás" gombot, engedje el természetes módon a nyomást 10 percig, majd végezzen gyors nyomásoldást, és nyissa ki a fedelet. Vegyük ki a tálcát, fedjük le, és fordítsuk a serpenyőt egy tányérra, hogy kivegyük a tojásfalatokat.

39. Zeller rönk

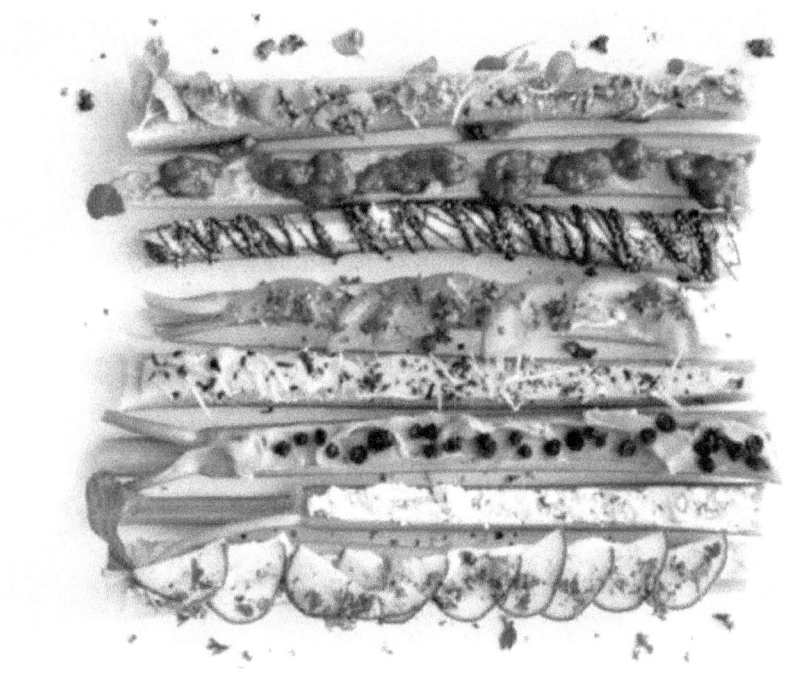

ÖSSZETEVŐK:

- 1 sárgarépa, felaprítva
- $\frac{1}{4}$ csésze mazsola
- $\frac{1}{2}$ csésze zsírszegény túró
- 6 zellerszár, 3 hüvelykes darabokra vágva

UTASÍTÁS:

a) Egy kis tálban keverjük össze a sárgarépát, a mazsolát és a túrót.

b) Top zeller darabok keveréket.

40. Túrós töltött gomba

ÖSSZETEVŐK:

- 12 nagy gomba, megtisztítva és szárát eltávolítva
- 1 csésze túró
- 1/4 csésze reszelt mozzarella sajt
- 2 evőkanál friss petrezselyem, apróra vágva
- 1/2 teáskanál fokhagyma por
- Só és bors ízlés szerint

UTASÍTÁS:

a) Melegítsd elő a sütőt 190°C-ra (375°F).
b) Egy tálban keverjük össze a túrót, a mozzarella sajtot, az apróra vágott petrezselymet és a fokhagymaport.
c) Sóval, borssal ízesítjük ízlés szerint.
d) Minden gomba sapkát megtöltünk a túrós keverékkel.
e) A megtöltött gombát sütőpapíros tepsire helyezzük.
f) Süssük 15-20 percig, vagy amíg a gomba megpuhul, és a sajt megolvad és aranybarna.
g) Forrón tálaljuk finom előételként vagy köretként.

41. Túrós és spenótos mártogatós

ÖSSZETEVŐK:

- 1 csésze túró
- 1 csésze friss spenót, apróra vágva
- 1/4 csésze reszelt parmezán sajt
- 2 gerezd fokhagyma, felaprítva
- 1 teáskanál citromlé
- Só és bors ízlés szerint

UTASÍTÁS:

a) Aprítógépben keverjük össze a túrót, az apróra vágott spenótot, a reszelt parmezán sajtot, a darált fokhagymát és a citromlevet.
b) Addig keverjük, amíg a keverék sima nem lesz.
c) Sóval, borssal ízesítjük ízlés szerint.
d) Tegye át a mártogatóst egy tálba.
e) Friss zöldségekkel, kekszekkel vagy pita kenyérrel tálaljuk.

SZENDVICS, PAKOLÁS ÉS BURGER

42. Marokkói bárány és harissa hamburger

ÖSSZETEVŐK:

- 500 g darált bárány
- 2 evőkanál harissa paszta
- 1 evőkanál köménymag
- 2 csokor örökölt sárgarépa
- ½ csokor menta, levelei leszedve
- 1 evőkanál vörösbor ecet
- 80 g vörös Leicester sajt, durvára reszelve
- 4 magvas briós zsemle, hasítva
- ⅓ csésze (65 g) túró

UTASÍTÁS:

a) Egy tepsit kibélelünk sütőpapírral. Helyezze a darált egy tálba, és bőségesen fűszerezze. Adjunk hozzá 1 evőkanál harissát, és tiszta kézzel jól keverjük össze.

b) A báránykeverékből 4 pogácsát formázunk, és megszórjuk köménymaggal. Helyezze az előkészített tálcára, fedje le, és hűtse le, amíg szükséges (sütés előtt melegítse a pogácsákat szobahőmérsékletre).

c) Közben keverjük össze a sárgarépát, a mentát és az ecetet egy tálban, és tegyük félre, hogy kissé megpácoljuk.

d) Melegíts fel egy grillserpenyőt vagy chargrill serpenyőt közepesen magas hőfokra. Grill pogácsákat 4-5 percig mindkét oldalán, vagy amíg jó kéreg nem képződik. Megkenjük sajttal, majd lefedjük (ha chargrill serpenyőt használunk alufóliával), és megfordítás nélkül további 3 percig sütjük, vagy amíg a sajt megolvad és a pogácsák megpuhulnak.

e) Grillezzön briós zsemlét, vágott oldalukkal lefelé 30 másodpercig, vagy amíg enyhén megpirul. A túrót elosztjuk a zsemlealapokkal, majd a tetejére pácolt sárgarépás keveréket teszünk.

f) Adjuk hozzá a pogácsákat és a maradék 1 evőkanál harissát. Tegye rá a fedőket, és szorítsa össze, hogy a harissa kifolyjon az oldalakon, és beleakadjon.

43. Svájci mángold bruschetta

ÖSSZETEVŐK:

- ½ font vörös svájci mángold
- 4 gerezd fokhagyma, darálva
- Tapadásmentes olívaolaj főző spray
- 2 evőkanál Víz
- 1 evőkanál Darált kapor
- Só, bors
- ½ csésze zsírmentes túró
- 24 szelet francia kenyér, pirítva
- 2 teáskanál vaj
- ½ csésze friss zsemlemorzsa

UTASÍTÁS:

a) Távolítsa el a mángold szárát, és vágja fél hüvelykes darabokra. A leveleket 2 hüvelykes darabokra vágjuk.

b) Az apróra vágott mángoldszárat és 2 gerezd fokhagymát tapadásmentes főzőpermettel megszórt serpenyőben közepes lángon 1 percig pároljuk.

c) Adjunk hozzá vizet, mérsékeljük a hőt, és fedő alatt pároljuk körülbelül 10 percig, amíg megpuhul.

d) Keverje hozzá az apróra vágott mángoldleveleket, és főzze nagy lángon, amíg megfonnyad, 1-2 percig.

e) Csökkentse a hőt, fedje le, és párolja még 10 percig.

f) Levesszük a tűzről, és belekeverjük a kaprot. Ízlés szerint sózzuk, borsozzuk. Félretesz, mellőz.

g) A túrót turmixgépben vagy robotgépben simára pürésítjük.

h) Sózzuk ízlés szerint. Olvasszuk fel a vajat egy kis serpenyőben közepes-alacsony lángon.

i) Hozzáadjuk a maradék 2 gerezd fokhagymát, és kevergetve puhára, de nem barnára pároljuk, körülbelül 1 percig.

j) Keverje hozzá a zsemlemorzsát, hogy bevonja a fokhagymát és a vajat, és keverés közben pirítsa meg 1-2 percig.

k) Kenjen meg körülbelül 1 teáskanál pürésített túrót minden szelet pirított kenyérre.

l) A tetejére teszünk kb 1 evőkanál mángoldot, majd megszórjuk pirított zsemlemorzsával.

44. Paneer Bhurji szendvics

ÖSSZETEVŐK:
- ½ teáskanál zöld chili apróra vágva
- 1 ½ evőkanál friss koriander, apróra vágva
- 4 szelet kenyér
- ½ csésze túró
- 2 evőkanál paradicsom
- ¼ teáskanál paprikapor
- Egy csipet kurkuma por
- ¼ teáskanál köménymag
- Só
- 1 ½ teáskanál tisztított vaj

UTASÍTÁS:
a) Egy serpenyőben ghí-t vagy olajat hevítünk, és hozzáadjuk a köménymagot.
b) Amikor a magok elkezdenek ropogni, adjuk hozzá a zöld chilit és keverjük össze.
c) Keverje hozzá a felaprított paradicsomot néhány másodpercig, vagy amíg megpuhul.
d) Keverje hozzá a kurkumát és a panelt.
e) Keverje hozzá a borsot és a sót, és keverje néhány másodpercig.
f) A serpenyőben belekeverjük az apróra vágott koriandert.
g) Kenjük meg vajjal minden kenyér egyik oldalát.
h) Helyezzen egy szeletet a grillre, és terítse rá a panír töltelék felét.
i) Fedjük le egy másik szelet kenyérrel a vajas oldalával felfelé, és süssük aranybarnára.
j) Vegyük le a grillről és vágjuk két részre.

45. Marha-sajtos burritók

ÖSSZETEVŐK:

- 4 uncia darált marhahús, sovány
- 4 zöldhagyma, szeletelve
- 1 gerezd fokhagyma, darálva
- ½ csésze salsa
- ½ csésze zsírszegény túró
- 1 teáskanál kukoricakeményítő
- ¼ teáskanál szárított oregánó, összetörve
- 2 liszt tortilla, 6 hüvelyk
- ¼ csésze mozzarella sajt, reszelve

UTASÍTÁS:

a) Főzzük a darált marhahúst, a hagymát és a fokhagymát egy kis serpenyőben, amíg a marhahús már nem rózsaszínű lesz, és a hagyma megpuhul. Lecsepegteti a hordót.

b) Keverjen össze 2 t salsát, túrót, kukoricakeményítőt és oregánót. Hozzáadjuk a serpenyőben lévő húskeverékhez.

c) Főzzük és keverjük addig, amíg besűrűsödik és habos lesz. Főzzük és keverjük még 2 percig.

d) Osszuk el a húskeveréket a tortillák között; felteker. Fedjük le és tartsuk melegen. Ugyanabban a serpenyőben melegítse fel a maradék salsát. Ráöntjük burritóra. A tetejére sajtot rakunk.

46. Grillezett alma kovászos muffinon

ÖSSZETEVŐK:

- 1 kis Red Delicious alma
- ½ csésze túró
- 3 evőkanál finomra vágott lila hagyma
- 2 kovászos angol muffin, hasítva és pirítva
- ¼ csésze morzsolt kéksajt

UTASÍTÁS:

a) Egy kis tálban keverjük össze a túrót és a hagymát, és alaposan keverjük össze.

b) Mindegyik fél muffinra kenjünk körülbelül 2 teáskanál túrós keveréket.

c) Helyezzen 1 almakarikát minden muffin csésze tetejére; egyformán szórjuk meg morzsolt kéksajttal az almakarikákat.

d) Tepsire tesszük és 1-12 percig grillezzük, vagy amíg a kéksajt elolvad, 3 centire a lángtól.

47. Chipotle Cheddar Quesadilla

ÖSSZETEVŐK:

- 4 tortilla
- 2 csésze túró
- 2 csésze Cheddar sajt, reszelt)
- 1 piros kaliforniai paprika, vékonyra szeletelve)
- 1 csésze portobello gomba, vékonyra szeletelve
- 2-3 evőkanál Chipotle fűszerezés
- enyhe salsa (mártáshoz)

UTASÍTÁS:

a) Adja hozzá a kaliforniai paprikát (szeletekre vágva, piros) és a gombát (szeletekre vágva) egy nagy grillserpenyőbe, közepes lángon.

b) Körülbelül 10 percig főzzük puhára. Vegye ki, majd tegye át egy tálba (közepes). Félretesz, mellőz.

c) Egy kis tálkában hozzáadjuk a chipotle fűszert és a túrót. Jól keverjük össze, hogy bedolgozzuk.

d) Helyezze a tortillákat a grillserpenyőre, és öntse a zöldségkeveréket a tortillára.

e) A tetejére szórjuk a túrós keveréket, majd a tetejére cheddar sajtot használunk (reszelve).

f) Helyezzen egy további tortillát a töltelék tetejére.

g) Körülbelül 2 percig főzzük, majd megfordítjuk, és tovább főzzük még egy percig.

h) Ismételje meg a folyamatot a maradék tortillákkal és a töltelékkel.

i) Azonnal tálaljuk a salsával (enyhe).

FŐÉTEL

48. Grillezett alma és sajt

ÖSSZETEVŐK:

- 1 kicsi Piros finom alma
- ½ csésze 1% zsírszegény túró
- 3 evőkanál Finomra vágott lila hagyma
- 2 Kovászos angol muffin, hasítva és pirítva
- ¼ csésze Morzsolt kéksajt

UTASÍTÁS:

a) Az almát kimagozzuk, és keresztben 4 (¼ hüvelykes) karikára szeleteljük; félretesz, mellőz.

b) Egy kis tálban összedolgozzuk a túrót és a hagymát, majd jól összedolgozzuk. Kenjen meg körülbelül 2-½ evőkanál túrós keveréket mindegyik muffin felére.

c) Minden muffin felét tegyünk 1 almakarikával; morzsolt kéksajttal egyenletesen szórjuk az almakarikákat. Sütőpapíros tepsire tesszük.

d) Pároljuk 3 hüvelyk alatt a tűzről 1-½ percig, vagy amíg a kéksajt megolvad.

49. Sajtos ravioli rozmaringgal és citrommal

ÖSSZETEVŐK:
- 1 csomag (16 uncia) sajtos ravioli
- 1 csésze zsírmentes túró
- ½ csésze párolt sovány tej
- 1 teáskanál szárított rozmaring
- ¼ teáskanál Só
- ¼ teáskanál Frissen őrölt fekete bors
- 2 teáskanál friss citromlé
- ¼ csésze finomra aprított parmezán
- 3 evőkanál vágott friss metélőhagyma
- 1 teáskanál Finomra reszelt citromhéj
- citromszeletek; választható

UTASÍTÁS:
a) A tésztát a csomagolás szerint főzzük ki. Lecsepegtetjük és félretesszük.

b) Ha szükséges, fedjük le, hogy melegen tartsuk.

c) Közben turmixgépben vagy konyhai robotgépben turmixoljuk vagy dolgozzuk simára a túrót, a tejet, a rozmaringot, a sót és a borsot. Tegye félre a túrós keveréket.

d) Keverjük össze a parmezán sajtot, a metélőhagymát és a citromhéjat.

e) A raviolit lecsepegtetjük, és egy tálba tesszük. Csorgassuk a citromlevet a forró raviolira, és óvatosan dobjuk fel. Ezután öntsük a túrós keveréket a tetejére, és óvatosan keverjük, amíg bevonat nem lesz.

f) Tálaláshoz tegyük tányérokra a raviolit.

g) Minden adag tetejére szórjuk a sajt-snidling-citromhéj keveréket. Ízlés szerint citromkarikákkal tálaljuk.

50. Ravioli lasagna

ÖSSZETEVŐK:

- 1 csomag fagyasztott sajtos ravioli
- 20 uncia túró
- 2 tojás
- 10 uncia fagyasztott spenót
- 2 csésze mozzarella sajt; felaprítva
- ½ csésze parmezán sajt; lereszelve
- 1 teáskanál olasz ételízesítő vagy pizzafűszer
- Spagetti szósz hússal

UTASÍTÁS:

a) Készítse el kedvenc spagettimártását hússal.

b) Keverjük össze a túrót, a fűszereket, a tojást, a parmezán sajtot, a spenótot és 1 csésze mozzarella sajtot.

c) Egy nagy, téglalap alakú tepsibe rétegezze a szószt, a ravioli felét, a sajtos keverék felét, egy másik réteg szószt, a ravioli másik felét, a többi sajtkeveréket, és a végén egy réteg szósszal.

d) 300 fokon kb 30 percig sütjük.

e) Helyezze a maradék mozzarella sajtot a tetejére, és tegye vissza a sütőbe, amíg a sajt megolvad.

51. Carbquik lasagna pite

ÖSSZETEVŐK:

- ½ csésze túró
- ¼ csésze reszelt parmezán sajt
- 1 kiló darált marhahús, megpirítjuk és lecsepegtetjük
- 1 csésze reszelt mozzarella sajt, osztva
- 1 teáskanál szárított oregánó
- ½ teáskanál szárított bazsalikom
- 6 uncia paradicsompüré
- 1 csésze szénhidrát visszaszámlálás 2%
- 2 nagy tojás
- ⅔ csésze Carbquik
- 1 teáskanál só
- ¼ teáskanál bors

UTASÍTÁS:

a) Melegítse elő a sütőt 400°F-ra (375°F, ha üveg sütőedényt használ). Egy 8 hüvelykes négyzet alakú tepsit kivajazunk, és félretesszük.

b) Az előkészített tepsibe rétegezzük a túrót és a reszelt parmezán sajtot.

c) Egy keverőtálban keverje össze a főtt darált marhahúst, ½ csésze mozzarella sajtot, szárított oregánót, szárított bazsalikomot (vagy olasz fűszert) és paradicsompürét. Ezt a keveréket egyenletesen kanalazzuk a sajtrétegekre.

d) Egy másik tálban keverje össze a tejet, a tojást, a Carbquikot, a sót és a borsot, amíg sima nem lesz. Használhat turmixgépet magas fokozaton 15 másodpercig, vagy kézi habverőt 1 percig.

e) Öntse a tojás és a Carbquik keveréket a serpenyőbe a marhahús és a sajt rétegekre.

f) Előmelegített sütőben addig sütjük, amíg a pite aranybarna nem lesz, és a közepébe szúrt kés tisztán ki nem jön, ami körülbelül 30-35 percet vesz igénybe.

g) A tetejére szórjuk a maradék mozzarella sajtot, és tálalás előtt 5 percig állni hagyjuk.

h) Élvezze a Lasagna Pie-t, egy alacsony szénhidráttartalmú és kiadós ételt, amely a klasszikus lasagne-ra emlékeztet!

52. Lasagna bögrében

ÖSSZETEVŐK:
- 2 tészta lasagne lap, tálalásra készen
- 6 uncia víz
- 1 teáskanál olívaolaj vagy főzőspray
- 3 evőkanál pizzaszósz
- 4 evőkanál Ricotta vagy túró
- 3 evőkanál spenót
- 1 evőkanál Cheddar sajt
- 2 evőkanál főtt kolbász

UTASÍTÁS:
a) Törjük össze a lasagne lapokat, és helyezzük megfelelően a formába.
b) Lepermetezzük olívaolajjal, elkerülve a ragadást.
c) Fedjük le a lasagnát vízzel.
d) 4 percig sütjük a mikrohullámú sütőben, vagy amíg a tészta megpuhul.
e) Távolítsa el a vizet, és tegye félre a tésztát.
f) Ugyanabban a bögrében adjunk hozzá pizzaszószt és egy kis tésztát egy bögrében.
g) A spenótot, a ricottát és a kolbászt rétegesen adjuk hozzá.
h) A tetejére szórjuk a cheddar sajtot.
i) Folytassa újra a rétegezést, kezdve a tésztával.
j) Helyezze be a mikrohullámú sütőbe, és fedje le mikrohullámú sütőben használható fedővel.
k) Mikrohullámú sütőben 3 percig főzzük.
l) Hagyjuk 2 percig hűlni és élvezzük.

53. Focaccia al formaggio

ÖSSZETEVŐK:
- 1 font Loaf fagyasztott kenyértészta; felengedve
- 1 tojás
- 1 csésze túró
- 2 evőkanál parmezán
- ½ teáskanál szárított bazsalikom
- ½ teáskanál szárított oregánólevél
- ¼ teáskanál fokhagymás só
- ¼ teáskanál bors
- ¾ csésze elkészített pizzaszósz
- 3 uncia mozzarella

UTASÍTÁS:

a) Osszuk ketté a kenyértésztát. Nyomd ki, és nyújtsd ki az egyik felét egy kivajazott 13x9"-es tepsibe, nyomd felfelé a tésztát, hogy lapos peremet formálj. Egy tálba verd fel a tojást, keverd hozzá a többi hozzávalót, kivéve a pizzaszószt és a mozzarellát.

b) Egyenletesen elosztjuk a tésztán. Nyújtsa ki a tészta fennmaradó felét, hogy illeszkedjen a tepsibe, helyezze a töltelékre, és nyomja meg a tészta széleit, hogy teljesen lezáródjon. Meleg helyen hagyjuk kelni a duplájára, kb 1 órát.

c) A kenyértészta tetejét egyenletesen megkenjük pizzaszósszal, megszórjuk mozzarellával.

d) Süssük 375, 30 percig, amíg a szélek kérgesek és a sajt megolvad.

e) 5 percig hűtjük. Négyzetekre vágjuk.

54. Sajtos pulykafasírt

ÖSSZETEVŐK:

- 2 tojás
- 1 kiló mozzarella sajt, kockákra vágva
- 2 kiló őrölt pulyka
- 2 teáskanál olasz fűszerkeverék
- $\frac{1}{4}$ csésze bazsalikom pesto
- $\frac{1}{2}$ csésze parmezán sajt, reszelve
- $\frac{1}{2}$ csésze marinara szósz, cukor nélkül
- 1 csésze túró
- 1 teáskanál só

UTASÍTÁS:

a) Helyezze az állványt az alsó helyzetbe, és csukja be az ajtót. Válassza ki a sütési módot, állítsa a hőmérsékletet 390 °F-ra, és állítsa az időzítőt 40 percre. Nyomja meg a beállító tárcsát az előmelegítéshez.

b) Egy rakott edényt kikenünk vajjal és félretesszük.

c) Tegye az összes hozzávalót egy nagy tálba, és keverje jól össze.

d) Öntse a keveréket a rakott edénybe.

e) Miután az egység előmelegedett, nyissa ki az ajtót, helyezze a rakott edényt a rácsra, és csukja be az ajtót.

f) Tálaljuk és élvezzük.

55. English Cottage Pie Lasagna

ÖSSZETEVŐK:

- 9 lasagne tészta
- 1 kiló darált marhahús
- 1 hagyma, apróra vágva
- 2 sárgarépa, apróra vágva
- 1 csésze fagyasztott borsó
- 2 gerezd fokhagyma, felaprítva
- 1 evőkanál Worcestershire szósz
- 1 teáskanál szárított kakukkfű
- 1 teáskanál szárított rozmaring
- ½ teáskanál só
- ¼ teáskanál fekete bors
- 2 csésze burgonyapüré
- 1 csésze reszelt cheddar sajt

UTASÍTÁS:

a) Melegítsd elő a sütőt 190°C-ra, és enyhén kenj ki egy 9x13 hüvelykes tepsit.

b) A lasagne tésztát a csomagoláson található utasítások szerint főzzük meg. Lecsepegtetjük és félretesszük.

c) Egy nagy serpenyőben addig főzzük a darált marhahúst, az apróra vágott hagymát, az apróra vágott sárgarépát, a fagyasztott borsót és a darált fokhagymát, amíg a marhahús megpirul és a zöldségek megpuhulnak. Engedje le a felesleges zsírt.

d) Keverje hozzá a Worcestershire szószt, a szárított kakukkfüvet, a szárított rozmaringot, a sót és a fekete borsot. Úszni 10 percig.

e) A húskeveréket vékonyan elkenjük a tepsi alján. Helyezzünk rá három lasagne tésztát.

f) A tésztára terítsünk egy réteg burgonyapürét, majd egy réteg húskeveréket.
g) Ismételje meg a rétegeket három lasagne tésztával, burgonyapürével és húskeverékkel.
h) A tetejére szórjuk a maradék három lasagne tésztát, és megszórjuk reszelt cheddar sajttal.
i) 25 percig sütjük, amíg a sajt megolvad és megpirul. Tálalás előtt hagyjuk néhány percig hűlni.

56. Babos lasagna

ÖSSZETEVŐK:

- 1 evőkanál növényi olaj
- 1 csésze apróra vágott hagyma
- 3 gerezd fokhagyma apróra vágva
- 14 uncia konzerv paradicsomszósz
- 1 kis doboz paradicsompüré
- 3 evőkanál oregánó
- 2 evőkanál bazsalikom
- ½ teáskanál paprika
- 1½ csésze vegyes bab
- 1½ csésze zsírszegény túró
- 2 csésze zsírszegény mozzarella [reszelve]
- 1 tojás
- 8 lasagne tészta [főtt]
- 1 teáskanál korianderlevél [apróra vágva]
- 2 evőkanál parmezán sajt

UTASÍTÁS:

a) Áztassa a babot négy-nyolc órán át. Egy serpenyőben felöntjük vízzel, és felforraljuk a babot. Úszni 30-40 percig. Az olajat felhevítjük, a hagymát és a fokhagymát puhára pároljuk.

b) Adjuk hozzá a paradicsomszószt, a paradicsompürét, az oregánót, a bazsalikomot, a paprikát és a főtt, lecsepegtetett babot. Forraljuk fel, csökkentsük a hőt, és főzzük 8-10 percig.

c) Adjunk hozzá koriander leveleket.

d) Melegítse elő a sütőt 325 F-ra.

e) Keverjük össze a túrót, a mozzarellát és a tojást. Egy kiolajozott lasagne tepsibe tegyünk egy réteg tésztát, egy réteg babkeveréket és egy réteg sajtkeveréket.

f) Folytassa a tésztát, a babot és a sajtot felváltva, majd egy réteg sajttal fejezze be a tetejét.
g) A felső réteget megszórjuk parmezán sajttal.
h) 40 percig sütjük 325 F-on.

57. Pepperoni Lasagna

ÖSSZETEVŐK:

- ¾ lb. darált marhahús
- ¼ teáskanál őrölt fekete bors
- ½ lb. szalámi, apróra vágva
- 9 lasagne tészta
- ½ lb. pepperoni kolbász, apróra vágva
- 4 csésze reszelt mozzarella sajt
- 1 hagyma, felaprítva
- 2 csésze túró
- 2 (14,5 uncia) doboz párolt paradicsom
- 9 szelet fehér amerikai sajt
- 16 uncia paradicsomszósz
- reszelt parmezán sajt
- 6 uncia paradicsompüré
- 1 teáskanál fokhagyma por
- 1 teáskanál szárított oregánó
- ½ teáskanál só

UTASÍTÁS:

a) 10 percig pirítsd a pepperonit, a marhahúst, a hagymát és a szalámit. Távolítsa el a felesleges olajat. Tegyen mindent a lassú tűzhelybe egy kis borssal, paradicsomszósszal és -pürével, sóval, párolt paradicsommal, oregánóval és fokhagymaporral 2 órán át.

b) A folytatás előtt kapcsolja be a sütőt 350 fokra.

c) A lasagnét sós vízben főzzük al dente 10 percig, majd távolítsuk el az összes vizet.

d) A sütőedénybe enyhén bevonó szószt, majd réteg: ⅓ tészta, 1 ¼ csésze mozzarella, ⅔ csésze túró, amerikai sajtszeletek, 4 teáskanál parmezán, ⅓ hús. Folytassa, amíg az edény meg nem telik.

e) Főzzük 30 percig.

58. Linguine sajtszósszal

ÖSSZETEVŐK:

- ½ csésze sima zsírszegény joghurt
- 1 nyers tojás
- ⅓ csésze 99%-os zsírmentes túró
- Só vagy vaj ízű só
- Bors
- ½ teáskanál oregánó vagy pizzafűszer
- 3 uncia svájci sajt, durvára aprítva
- ⅓ csésze friss apróra vágott petrezselyem

UTASÍTÁS:

a) Forró linguine fölött gyorsan hozzákeverjük a joghurtot, majd a tojást, hogy besűrűsödjön.

b) Ezután keverjük hozzá a többi hozzávalót.

c) Tedd az edényt nagyon alacsony lángra, amíg a sajt elolvad.

59. Rusztikus nyaralópite

ÖSSZETEVŐK:

- Yukon Gold burgonya, meghámozva és felkockázva
- 2 evőkanál vegán margarin
- 1/4 csésze sima cukrozatlan szójatej
- Só és frissen őrölt fekete bors
- 1 evőkanál olívaolaj
- 1 közepes sárga hagyma, apróra vágva
- 1 közepes sárgarépa, apróra vágva
- 1 zeller borda, apróra vágva
- 12 uncia szejtán, apróra vágva
- 1 csésze fagyasztott borsó
- 1 csésze fagyasztott kukoricaszem
- 1 teáskanál szárított sós
- 1/2 teáskanál szárított kakukkfű

UTASÍTÁS:

a) Forrásban lévő, sós vízben 15-20 perc alatt puhára főzzük a burgonyát.

b) Jól leszűrjük, és visszatesszük az edénybe. Adjuk hozzá a margarint, a szójatejet és ízlés szerint sózzuk, borsozzuk.

c) Burgonyanyomóval durvára törjük és félretesszük. Melegítse elő a sütőt 350 °F-ra.

d) Egy nagy serpenyőben közepes lángon hevítsük fel az olajat. Adjuk hozzá a hagymát, a sárgarépát és a zellert.

e) Fedjük le és főzzük puhára, körülbelül 10 percig. Helyezze át a zöldségeket egy 9 x 13 hüvelykes tepsibe. Keverje hozzá a szejtánt, a gombaszószt, a borsót, a kukoricát, a sós fűszereket és a kakukkfüvet.

f) Ízlés szerint sózzuk, borsozzuk, majd a masszát egyenletesen elosztjuk a tepsiben.

g) Tetejét megkenjük a burgonyapürével, a tepsi szélére kenjük. Kb. 45 percig sütjük, amíg a burgonya megpirul, és a töltelék buborékos lesz.
h) Azonnal tálaljuk.

60. Margarita tészta primavera

ÖSSZETEVŐK:

- 1 csésze zsírszegény túró
- 1 evőkanál friss citromlé
- 8 uncia vékony spagetti
- 1 evőkanál elfogadható növényi olaj
- ¼ csésze apróra vágott mogyoróhagyma
- ½ csésze apróra vágott hagyma
- 1 gerezd fokhagyma, felaprítva
- ¼ teáskanál frissen őrölt fekete bors,
- Vagy két kulcs
- 2 csésze szeletelt friss gomba
- 1 csésze szeletelt zöld kaliforniai paprika
- 1½ csésze szeletelt sárgarépa
- 10 uncia Fagyasztott, só nélkül
- A brokkoli párolt

UTASÍTÁS:

a) A túróról csepegtess le minden folyadékot. Egy tálban keverjük össze a túrót és a citromlevet. Félretesz, mellőz.

b) A spagettit a csomagolás szerint elkészítjük, a só elhagyásával.

c) Lecsepegtetjük alaposan.

d) Közben egy serpenyőben közepes-magas lángon olajat hevítünk. Adjunk hozzá mogyoróhagymát, hagymát, fokhagymát és fekete borsot, és pároljuk 1 percig4. Adjuk hozzá a gombát, és keverjük 1 percig. Ezután adjunk hozzá kaliforniai paprikát, sárgarépát és brokkolit, és keverjük további 3-4 percig. Félretesz, mellőz.

e) Egy másik tálba dobjuk a spagetti és túró keveréket, hogy egyenletesen bevonják. A tetejére pirított zöldségeket teszünk.

61. Monterey Jack Souffle

ÖSSZETEVŐK:

- 1 font kolbász, főtt
- 2 csésze Monterey Jack sajt aprítva
- 3 csésze cheddar sajt éles, aprított
- 1 csésze mozzarella sajt reszelve
- ½ csésze tej
- 1 ½ csésze liszt
- 1 ½ csésze túró
- 9 Tojás enyhén felverve
- ⅓ csésze vaj megolvadt
- 1 Konzerv zöld chili apróra vágva

UTASÍTÁS:

a) Az olvasztott vaj felét megkenjük egy 9x13-as serpenyőben.

b) Egy nagy tálban keverjük össze a többi hozzávalót és jól keverjük össze.

c) Öntsük egy 9x13-as tepsibe.

d) Süssük 375 fokon 50 percig, vagy amíg aranybarna nem lesz, és a behelyezett kés tisztán ki nem jön.

62. Csirke- és túróleves

ÖSSZETEVŐK:
- 2 kiló egész csirke, darabokra vágva
- 3 uncia teljes zsírtartalmú tej
- 1 teáskanál friss citromlé
- 1/2 teáskanál friss gyömbér, reszelve
- 2 gerezd fokhagyma, felaprítva
- 4 uncia túró, szobahőmérsékleten
- 2 banán mogyoróhagyma, meghámozva és apróra vágva
- 1 sárgarépa, apróra vágva
- 2 evőkanál vaj
- 1 evőkanál szárított rozmaring
- 1/4 teáskanál őrölt fekete bors
- Tengeri só, két kulcs
- 4 csésze alacsony nátriumtartalmú csirkealaplé
- 1/2 csésze parmezán sajt, lehetőleg frissen reszelve
- 1 evőkanál friss petrezselyem, apróra vágva

UTASÍTÁS:
a) Egy keverőtálba helyezzük a csirkedarabokat, a tejet, a citromlevet, a gyömbért és a fokhagymát; 1 órára hűtőbe tesszük pácolódni.

b) Adja hozzá a csirkét a páccal együtt az Instant Pot-hoz. Adjunk hozzá túrót, medvehagymát, sárgarépát, vajat, rozmaringot, fekete borsot, sót és csirkehúslevest.

c) Rögzítse a fedelet. Nyomja meg a „Leves" gombot, és főzzük 35 percig. A főzés befejezése után használjon gyors nyomásoldót.

d) Vegye ki a csirkét a főzőfolyadékból. Dobja el a csontokat, és tegye vissza a csirkét az Instant Potba.

e) Adjunk hozzá frissen reszelt parmezán sajtot a forró főzőfolyadékhoz; addig keverjük, amíg el nem olvad, és minden jól össze nem áll. Merőkanál egyes tálakba, díszítsük friss petrezselyemmel és élvezzük!

63. Túrós Manicotti

ÖSSZETEVŐK:
A MANICOTTI SZÁMÁRA:
- 6 tojás
- 2 csésze liszt
- $1\frac{1}{2}$ csésze víz
- Só és bors ízlés szerint

RICOTTA SAJTOS TÉTEL:
- 2 kiló sajt (lehet fazék sajt)
- 2 tojás
- Só, bors
- Petrezselyempehely
- Reszelt parmezán sajt

UTASÍTÁS:

a) A tojást, a lisztet, a vizet, a sót és a borsot ízlés szerint összekeverjük.

b) Vékony palacsintát készítsen, nagyon gyorsan, grillen vagy serpenyőben (én olívaolajat használok a sütéshez).

c) Megtöltjük ricotta sajtkeverékkel. Felteker. Fedjük le mártással.

d) Süssük 350 F-on fél óráig.

e) Tálalás előtt 10 percig könnyen megköthető.

RICOTTA SAJTOS TÉTEL:

f) Egy kanállal keverjük simára és alaposan keverjük össze (én ennek a felét használom).

64. Mama spenótos pite

ÖSSZETEVŐK:

- 4 csésze cheddar kruton vagy gyógynövényes kruton
- Körülbelül 1½ font spenótlevél
- 8 uncia cheddar sajt, körülbelül ½ hüvelykes kockákra vágva
- 1 kiló túró
- 3 nagy tojás, enyhén felverve
- 3 evőkanál sótlan vaj, olvasztott
- 4 szelet szalonna, ropogósra főzve
- Só és frissen őrölt fekete bors

UTASÍTÁS:

a) Melegítse elő a sütőt 375 °F-ra.
b) Forraljunk fel egy nagy fazék vizet. Eközben egy 9 × 13 hüvelykes tepsi alját béleljük ki egyetlen réteg krutonnal.
c) Amikor a víz felforrt, adjuk hozzá a spenótleveleket, és keverjük össze. Hagyja, hogy alig fonnyadjanak – ez körülbelül 10 másodpercet vesz igénybe –, majd tegyük át egy szitára, és öblítsük le hideg víz alatt. Miután elég kihűltek ahhoz, hogy kezelni lehessen, nyomjon ki annyi folyadékot, amennyit csak tud a kezével. Tegye át a spenótot egy vágódeszkára, és durvára vágja.
d) Adja hozzá a spenótot egy nagy tálba a cheddarral, a túróval, a tojással és az olvasztott vajjal együtt. Kezével morzsoljuk bele a szalonnát a tálba, és keverjük addig, amíg jól össze nem keveredik. Ízesítsük sóval, borssal, ne feledjük, hogy a szalonnában már sok só van.
e) A spenótos keveréket egyenletes rétegben rákenjük a krutonokra. Tegye át az edényt a sütőbe, és süsse, amíg meg nem puhul, és a sajt megolvad, körülbelül 30 percig.

f) Ha egy kicsit több színre vágyik, egy-két percre a brojler alatt is befejezheti.

65. Rakott marhahús tészta

ÖSSZETEVŐK:

- 1 csomag (8 uncia) közepes tészta
- 1/3 csésze szeletelt zöldhagyma
- 1/3 csésze apróra vágott zöldpaprika
- 2 evőkanál vaj
- 1 kiló darált marhahús
- 1 doboz (6 uncia) paradicsompüré
- 1/2 csésze tejföl
- 1 csésze 4%-os túró
- 1 doboz (8 uncia) paradicsomszósz

UTASÍTÁS:

a) Főzzük a tésztát a csomagoláson található utasítások szerint; törzs.

b) A zöldpaprikát és a hagymát vajjal egy nagy serpenyőben puhára pároljuk, körülbelül 3 perc alatt. Hozzáadjuk a marhahúst, és addig főzzük, amíg rózsaszínű nem marad. A felesleges zsírt leszűrjük.

c) A tejfölt és a paradicsompürét egy közepes méretű tálban összekeverjük, belekeverjük a túrót és a tésztát. Egy 2 literes rakottban a tésztakeverék 1/2-ét rétegezzük; tedd rá a marhahús keverék 1/2 részét. Folytassa ugyanezt.

d) Egyenletesen öntsük a rakott tetejére paradicsomszósszal.

e) 350 °C-on süssük alaposan, körülbelül 30-35 percig.

66. Sült Spenach Supreme

ÖSSZETEVŐK:
- 1 csésze csökkentett zsírtartalmú keksz/sütőkeverék
- 2 tojásfehérje
- 1 tojás
- 1/4 csésze zsírmentes tej
- 1/4 csésze finomra vágott hagyma

TÖLTŐ:
- 10 uncia fagyasztott apróra vágott spenót, felolvasztva és szárazra préselve
- 1-1/2 csésze zsírmentes túró
- 3/4 csésze reszelt Monterey Jack sajt
- 1/2 csésze reszelt parmezán sajt
- 2 tojásfehérje
- 1 tojás
- 1 teáskanál szárított darált hagyma

UTASÍTÁS:

a) Egy kis tálban összekeverjük a keksz keveréket, a hagymát, a tejet, a tojást és a tojásfehérjét. Jól keverjük össze, majd öntsük egy kivajazott, 11 x 7 hüvelykes tepsibe.

b) Egy másik tálban keverjük össze a töltelék hozzávalóit. Óvatosan rákanalazzuk a kekszes keverékre.

c) Lefedés nélkül süssük a sütőben 28-32 percig 350 °C-on, vagy amíg aranybarna nem lesz. Szúrjon bele egy kést a közepébe, és tisztán kell kijönnie.

SALÁTÁK ÉS KÖRETEK

67. Túrós zöldségsaláta

ÖSSZETEVŐK:

- 3 csésze (24 uncia) 4%-os túró
- 1 nagy érett avokádó, meghámozva, kimagozva és apróra vágva
- 1 közepes paradicsom apróra vágva
- 1/4 csésze szeletelt pimiento-val töltött olajbogyó
- 2 evőkanál apróra vágott zöldhagyma

UTASÍTÁS:

a) Keverje össze az első 4 hozzávalót egy tálban.
b) Szórjuk rá a hagymát.

68. Spárga, paradicsom, túrós saláta

ÖSSZETEVŐK:

- 2 csokor zöldspárga
- 150 g koktélparadicsom
- 100 g túró
- 30 g hámozott dió
- 30 g pirított kukorica
- 20 g hámozott napraforgómag
- 2 evőkanál ecet
- 4 evőkanál olívaolaj
- Bors és só

UTASÍTÁS:

f) Tisztítsuk meg a spárgát. A spárgát először hideg víz alatt mossuk meg, távolítsuk el a szár legkeményebb részét, és vágjuk egyforma méretű darabokra.

g) Forraljuk fel a vizet és főzzük. A spárga elkészítése közben egy serpenyőben bő sós vizet forralunk, hozzáadjuk és 10 percig főzzük, amíg megpuhul, de egész.

h) A főzés megszakítása. Ha d1-esek, vegye ki őket egy lyukas kanállal, és mártsa néhány pillanatra egy tál jeges vízbe, hogy lassítsa a főzést. Ily módon megőrzik intenzív zöld színüket. Ezután ismét ürítse ki őket, hogy eltávolítsa az összes vizet.

i) Készítse elő a többi hozzávalót. Mossa meg a paradicsomot, szárítsa meg nedvszívó papírral és vágja ketté. A túrót lecsepegtetjük és összemorzsoljuk. A diót pedig apróra vágjuk.

j) Készítsd el a vinaigrettet. Az ecetet egy tálba rendezzük. Adjunk hozzá egy csipet sót és még egy borsot, majd apránként öntsük fel az olajat, villával verjük tovább, amíg jól emulgeált vinaigrettet nem kapunk.

k) Osszuk el a spárgát 4 tálba. Hozzáadjuk a paradicsomot, a darált túrót, és a darált diót. Öltöztesd az előző vinaigrette-vel.
l) Napraforgómaggal és pirított kukoricával díszítjük.

69. Túrós és gyümölcssaláta

ÖSSZETEVŐK:

- 1 csésze túró
- 1 csésze friss eper, szeletelve
- 1 csésze friss áfonya
- 1 csésze friss ananászdarabok
- 2 evőkanál méz
- 1/4 csésze apróra vágott friss mentalevél

UTASÍTÁS:

a) Egy nagy keverőtálban keverje össze a túrót, az epret, az áfonyát és az ananászdarabokat.
b) Csorgassunk mézet a gyümölcs-túrós keverékre.
c) Óvatosan összeforgatjuk, hogy az összes hozzávaló összeolvadjon.
d) A tetejére apróra vágott friss mentaleveleket szórunk.
e) Azonnal tálaljuk, vagy tálalásig hűtőbe tesszük.

70. Uborkás és túrós saláta

ÖSSZETEVŐK:

- 2 csésze túró
- 2 uborka, vékonyra szeletelve
- 1 vöröshagyma, vékonyra szeletelve
- 2 evőkanál friss kapor apróra vágva
- Só és bors ízlés szerint

UTASÍTÁS:

a) Egy nagy tálban keverjük össze a túrót, a felszeletelt uborkát és a felszeletelt lilahagymát.
b) Friss kaprot szórjunk a keverékre.
c) Sóval, borssal ízesítjük ízlés szerint.
d) Finoman keverjük össze a hozzávalókat, hogy összeálljanak.
e) Tálalás előtt hűtsük le a hűtőszekrényben körülbelül 30 percig.

71. Túrós és paradicsomos saláta

ÖSSZETEVŐK:

- 1 1/2 csésze túró
- 2 nagy paradicsom, felkockázva
- 1/2 vöröshagyma, apróra vágva
- 2 evőkanál friss bazsalikom apróra vágva
- 2 evőkanál olívaolaj
- Só és bors ízlés szerint

UTASÍTÁS:

a) Egy tálban összedolgozzuk a túrót, a felkockázott paradicsomot és az apróra vágott lilahagymát.
b) Szórjuk meg a friss bazsalikommal a keveréket.
c) A tetejére olívaolajat csepegtetünk.
d) Sóval, borssal ízesítjük ízlés szerint.
e) Finoman keverjük össze a hozzávalókat.
f) Azonnal tálaljuk, vagy tálalásig hűtőbe tesszük.

DESSZERT

72. Diós sajttorta

ÖSSZETEVŐK:

- Omlós tészta
- 2 csésze túró
- ½ csésze cukor; Granulált
- 2 teáskanál kukoricakeményítő
- ½ csésze dió; apróra vágva,
- 3 tojás; Nagy, külön
- ½ csésze tejföl
- 1 teáskanál citromhéj; Lereszelve

UTASÍTÁS:

a) Melegítsük elő a sütőt 325 F fokra.

b) A túrót szitán átnyomkodjuk és lecsepegtetjük.

c) Egy nagy keverőtálban verjük habosra a tojássárgáját, majd lassan adjuk hozzá a cukrot, és folytassuk a verést, amíg nagyon világos és sima nem lesz.

d) Adjuk hozzá a túrót a tojásos keverékhez, jól keverjük össze, majd adjuk hozzá a tejfölt, a kukoricakeményítőt, a citromhéjat és a diót (ha szükséges). Addig keverjük, amíg az összes összetevő jól el nem keveredik, és a keverék sima lesz.

e) Egy másik nagy keverőtálban verjük fel a tojásfehérjét, amíg lágy csúcsok nem lesznek, majd óvatosan forgassuk bele a masszába. Öntsük a keveréket az előkészített tésztafélékre, és süssük körülbelül 1 órán át.

f) Tálalás előtt hűtsük le szobahőmérsékletre.

73. Áfonya-narancsos sajttorta

ÖSSZETEVŐK:

- 1 csésze graham morzsa
- 2 csésze túró
- 1 csomag Light sajtkrém; 8 uncia
- ⅔ csésze cukor
- ½ csésze natúr joghurt
- ¼ csésze liszt; minden célra
- 2 csésze áfonya
- ½ csésze narancslé
- 1 evőkanál margarin; könnyű, olvadt
- 2 tojásfehérje
- 1 tojás
- 1 evőkanál narancshéj; lereszelve
- 1 teáskanál vanília
- ⅓ csésze cukor
- 2 teáskanál kukoricakeményítő

UTASÍTÁS:

a) Keverjük össze a tészta hozzávalóit . Nyomja át a 9 hüvelykes rugós formák alját.
b) 325 F-on sütjük 5 percig.
c) Aprítógépben turmixoljuk simára a túrót. Adjuk hozzá a krémsajtot és dolgozzuk simára. Adja hozzá a maradék töltelék összetevőket; simára dolgozzuk. Tepsibe öntjük. Süssük 325 F fokon 50-60 percig, vagy amíg majdnem meg nem áll a közepén.
d) Fuss körbe egy késsel a torta szélét, hogy lazítsa meg a peremétől. Racken hűtsük. Hideg.
e) Keverje össze az áfonyát, a narancslevet és a cukrot egy serpenyőben. Állandó keverés mellett felforraljuk. Ezután pároljuk 3 percig, vagy amíg az áfonya el nem kezd

pattanni. Oldjuk fel a kukoricakeményítőt 1 evőkanál vízben. Tegyük a serpenyőbe, főzzük és keverjük 2 percig.

f) A feltétet lehűtjük, és tálalás előtt megkenjük vele a tortát.

74. Ananász tészta Kugel

ÖSSZETEVŐK:
A TÉTELHEZ:
- 450 g szárított széles tojásos tészta
- 1 rúd sótlan vaj, darabokra vágva
- 1 csésze teljes tej
- 5 nagy tojás, enyhén felverve
- 12 csésze cukor
- 2 teáskanál vanília
- 12 teáskanál só
- 1 (450 g) tartály tejföllel
- 1 (450g) tartály kis túrós túró (4% zsír)
- 1 (560g) doboz zúzott ananász, lecsepegtetve

FELTÉTELÉHEZ:
- 2 csésze kukoricapehely, durvára törve
- 2 evőkanál cukor
- 12 teáskanál fahéj
- 2 evőkanál sótlan vaj, apróra vágva

UTASÍTÁS:
BALBA ELŐKÉSZÍTÉSE:
a) Tegye a sütőrácsot középső helyzetbe, és melegítse elő 175 ° C-ra.
b) Vajazz ki egy 13 x 9 x 2 hüvelykes üveg vagy kerámia sütőedényt.
c) A tésztát forrásban lévő, sós vízben al dente főzzük.
d) Jól csepegtessük le, majd tegyük vissza egy meleg edénybe, és adjuk hozzá a vajat, és addig keverjük, amíg a tészta be nem vonódik.
e) A tejet, a tojást, a cukrot, a vaníliát és a sót habosra keverjük, majd hozzáadjuk a tejfölt.

f) Keverjük hozzá a túrót és az ananászt, és adjuk a tésztához, keverjük, hogy jól bevonják, majd kanalazzuk a tepsibe.

FELTÉT KÉSZÍTÉSE ÉS KUGEL SÜTÉSE:

g) Keverjük össze a kukoricapelyhet, a cukrot és a fahéjat, és szórjuk egyenletesen a tésztára.

h) Megkenjük vajjal, és addig sütjük, amíg a kugel megszilárdul és a szélei aranybarnák lesznek, körülbelül 1 óra alatt.

i) Tálalás előtt 5 percig állni hagyjuk.

75. Sáfrányos pisztácia Panna Cotta

ÖSSZETEVŐK:

- 2 evőkanál Soft paneer vagy házi túró
- 2 teáskanál cukor
- 2 evőkanál Tej
- 1 evőkanál Krém
- 1 csipet sáfrány
- 1 nagy csipet agar agar por
- 2 teáskanál pisztácia
- 1 csipet kardamom por

UTASÍTÁS:

a) A puha panelt és a cukrot simára törjük.
b) Forraljon fel 2 evőkanál tejet és 1 evőkanál tejszínt és egy csipet sáfrányt.
c) Adjunk hozzá egy nagy csipet agar-agarport.
d) Habverővel simára keverjük.
e) Adjuk hozzá a paneles keveréket, a kardamomport és az apróra vágott pisztáciát. Jól összekeverni.
f) Egy kivajazott formába adjunk hozzá ¼ teáskanál apróra vágott pisztáciát. Öntsük a panna cotta keveréket.
g) 2 órára hűtőbe tesszük.
h) formázzuk ki és tálaljuk. Adjunk hozzá tetszés szerinti szirupot és gyümölcsöt a tetejére.
i) A cukrot ízlés szerint módosíthatja.

76. Túrós tiramisu

ÖSSZETEVŐK:

- ½ csésze cukor
- 1 csésze zsírmentes túró
- 1 csésze zsírmentes tejföl alternatíva
- 2 evőkanál sötét rum
- 8 uncia karton alacsony zsírtartalmú vaníliás joghurt
- 8 uncia csomag Neufchatel sajt
- 1¼ csésze forró víz
- 1 evőkanál Plus
- ½ teáskanál instant eszpresszó kávé granulátum
- 40 Ladyfingers
- ½ teáskanál cukrozatlan kakaó

UTASÍTÁS:

a) Tegye az első 6 hozzávalót egy konyhai robotgépbe egy késpengével, és dolgozza simára; félretesz, mellőz.

b) Keverje össze a forró vizet és az eszpresszó granulátumot egy kis tálban. A hölgyujjakat hosszában kettévágjuk. Gyorsan mártson 20 felét, vágott oldalukkal lefelé, espresso kávéba, és a mártott oldalával lefelé helyezze egy 9 hüvelykes, négyzet alakú tepsi aljába.

c) Mártsunk eszpresszóba további 20 ujjnyi felét, vágott oldalukkal lefelé, és a mártott oldalával lefelé helyezzük az első réteg tetejére. Egyenletesen oszlasson el 2 C sajtos keveréket az ujjakon. Ismételje meg az eljárást a maradék ladyfinger felekkel, az eszpresszóval és a sajtkeverékkel.

d) Helyezzen fogpiszkálót a tiramisu minden sarkába és 1-et a tiramisu közepére, nehogy a műanyag fólia rátapadjon a sajtkeverékre. Fedjük le műanyag fóliával, és tegyük hűtőbe 3-8 órára. Tálalás előtt megszórjuk kakaóval.

77. Túrós datolyafagylalt

ÖSSZETEVŐK:

- ⅓ csésze apróra vágott kimagozott datolya
- 4 evőkanál rum
- 2 tojás, szétválasztva
- ½ csésze kristálycukor
- ⅔ csésze tej
- 1 ½ csésze túró
- 1 citrom finomra reszelt héja és leve
- ⅔ csésze tejszín, felvert
- 2 evőkanál finomra vágott szár gyömbér

UTASÍTÁS:

a) Áztassa a datolyát a szobában körülbelül 4 órán keresztül. A tojássárgáját és a cukrot egy tálba tesszük, és világosra verjük. A tejet egy serpenyőben forráspontig melegítjük, majd a tojássárgájához keverjük. Tegye vissza a keveréket az öblített serpenyőbe, és lassú tűzön, állandó keverés mellett főzze addig, amíg besűrűsödik. Hűvös, időnként megbámulva.

b) A túrót, a citromhéjat, valamint a datolyáról leszűrt levet és rumot turmixgépben vagy robotgépben dolgozd simára, majd keverd össze a pudinggal. Öntse a keveréket egy edénybe, fedje le, és fagyassza le, amíg éppen meg nem szilárdul. Tálba forgatjuk, jól felverjük, majd beleforgatjuk a tejszínhabot, a datolyát és a gyömbért. A tojásfehérjét egy tálban kemény habbá verjük, de nem szárazra, és a gyümölcsös masszához forgatjuk. A keveréket kanalazzuk vissza a tartályba. Fedjük le és fagyasztjuk keményre.

c) Körülbelül 30 perccel tálalás előtt tegyük át a fagylaltot a hűtőbe.

78. Túrós túrótorta

ÖSSZETEVŐK:

KRÉGÉRT
- ¼ csésze kemény margarin, olvasztott
- 1 csésze zsírszegény graham kekszmorzsa
- 2 evőkanál fehér cukor
- ¼ evőkanál fahéj

TORTÁHOZ
- 2 csésze zsírszegény túró, pürésítve
- 3 evőkanál univerzális liszt
- 1 teáskanál vanília kivonat
- 2 tojás
- ⅔ csésze fehér cukor

UTASÍTÁS:

a) Készítse elő a sütőt úgy, hogy előmelegíti 325 Fahrenheit-fokra.

b) Keverjük össze az olvasztott margarint, a graham kekszmorzsát, a cukrot és a fahéjat.

c) Tölts meg félig egy 10 hüvelykes rugós formát a kéregkeverékkel.

d) A lágy túrót, a tejet, a tojást, a lisztet, a vaníliát és a cukrot jól összekeverjük.

e) Öntsük a keveréket a pite héjába.

f) 60 percig sütjük a sütőben.

79. Burekas

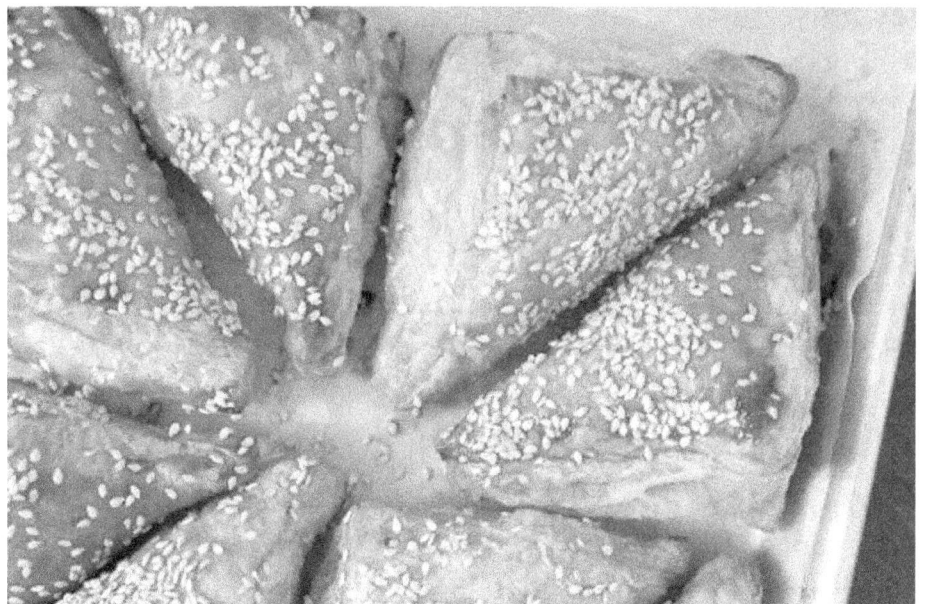

ÖSSZETEVŐK:

- 1 font / 500 g legjobb minőségű, csupa vajas leveles tészta
- 1 nagy szabadtartású tojás felverve

RICOTTA TÖLTETÉS

- ¼ csésze / 60 g túró
- ¼ csésze / 60 g ricotta sajt
- ⅔ csésze / 90 morzsolt feta sajt
- 2 tk / 10 g sózatlan vaj, olvasztott

PECORINO TÖLTETÉS

- 3½ evőkanál / 50 g ricotta sajt
- ⅔ csésze / 70 g reszelt érlelt pecorino sajt
- ⅓ csésze / 50 g reszelt érlelt cheddar sajt
- 1 póréhagyma, 5 cm-es szeletekre vágva, puhára blansírozva és apróra vágva (¾ csésze / összesen 80 g)
- 1 evőkanál apróra vágott lapos petrezselyem
- ½ teáskanál frissen őrölt fekete bors

MAGOK

- 1 tk nigella mag
- 1 tk szezámmag
- 1 tk sárga mustármag
- 1 tk köménymag
- ½ teáskanál chili pehely

UTASÍTÁS

a) Nyújtsa ki a tésztát két 12 hüvelykes / 30 cm-es négyzetre, amelyek mindegyike 3 mm vastag. Sütőpapírral bélelt tepsire helyezzük a tésztalapokat – egymáson pihenhetnek, egy sütőlappal –, és 1 órára a hűtőbe tesszük.

b) A töltelék hozzávalóit külön edénybe helyezzük. Keverjük össze és tegyük félre. Keverje össze az összes magot egy tálban, és tegye félre.

c) Vágjon minden tésztalapot 10 cm-es négyzetekre; összesen 18 négyzetet kell kapnod. Az első töltelék et egyenletesen osszuk el a négyzetek felére, kanalazzuk minden négyzet közepére. Minden négyzet két szomszédos szélét megkenjük tojással, majd a négyzetet félbehajtva háromszöget alkotunk. Nyomjon ki minden levegőt, és szorosan szorítsa össze az oldalakat. Nagyon jól le akarod nyomni a széleit, hogy ne nyíljanak ki főzés közben. Ismételje meg a többi tészta négyzetekkel és a második töltelékkel. Sütőpapírral bélelt tepsire tesszük, és legalább 15 percre hűtőbe tesszük, hogy megszilárduljon. Melegítsük elő a sütőt 425°F / 220°C-ra.

d) Kenje meg mindegyik tészta két rövid szélét tojással, és mártsa be ezeket a széleket a magkeverékbe; csekély mennyiségű, mindössze ⅙ hüvelyk / 2 mm széles mag elegendő, mivel ezek meglehetősen dominánsak. Minden tészta tetejét is megkenjük egy kis tojással, elkerülve a magokat.

e) Ügyeljen arra, hogy a péksütemények körülbelül $1\frac{1}{4}$ hüvelyk / 3 cm távolságra legyenek egymástól.

f) 15-17 percig sütjük, amíg mindenhol aranybarna nem lesz. Melegen vagy szobahőmérsékleten tálaljuk.

g) Ha sütés közben a töltelék egy része kifolyik a péksüteményekből, csak óvatosan töltse vissza, amikor már kellően kihűlt kezelni.

80. Francia sajtos torta

ÖSSZETEVŐK:

- 2 bögre Univerzális liszt; szitálatlan
- ¼ teáskanál Só
- ½ tk Sütőpor
- ⅔ csésze Vaj vagy margarin
- ⅓ csésze Kristálycukor
- 2 Tojássárgája
- 2 evőkanál Tejszín
- ½ tk Reszelt citromhéj
- 4 evőkanál Vaj vagy margarin
- ⅔ csésze Kristálycukor
- 2 bögre Száraz túró
- 1 Tojássárgája
- ¼ csésze Tejszín
- ⅓ csésze Arany mazsola
- ½ tk Reszelt citromhéj
- 1 Tojásfehérje; kissé megverve
- Porcukor

UTASÍTÁS:

a) Egy tálba szitáljuk a lisztet, a sót és a sütőport.

b) Turmixgéppel vágja a vajat addig, amíg a keverék durva morzsára nem hasonlít.

c) Adjunk hozzá ⅓ csésze kristálycukrot, 2 tojássárgáját, 2 evőkanál tejszínt és ½ teáskanál citromhéjat; villával addig keverjük, amíg a tészta össze nem áll.

d) Enyhén lisztezett felületre borítjuk; simára gyúrjuk, kb 2 perc.

e) Formázz golyót; viaszos papírba csomagoljuk. A tésztát 30 percre hűtőbe tesszük. Készíts sajtot

TÖLTŐ:

f) Egy tálban nagy sebességű elektromos keverővel habosítsuk fel a vajat, a kristálycukrot és a túrót, amíg jól össze nem keveredik, körülbelül 3 perc alatt.

g) Adjuk hozzá a tojássárgáját és a tejszínt; jól verni. Belekeverjük a mazsolát és a citromhéjat. Melegítse elő a sütőt 350 F-ra.

h) Enyhén zsírozza meg egy 13x9x2"-es tepsi. Osszuk ketté a tésztát.

i) Enyhén lisztezett felületen nyújtsa ki a tészta egyik felét 13x9"-es téglalappá.

j) Illessze az előkészített tepsi aljába. Egyenletesen elosztva a töltelékbe öntjük.

k) A maradék tésztát kettéosztjuk. Az egyik felét 5 egyenlő részre vágjuk.

l) Egy deszkán tekerje az egyes darabokat 13 hüvelykes ceruzaszerű csíkká.

m) Rendezzük el ezeket a csíkokat hosszában, $1\frac{1}{2}$ hüvelykes távolságra egymástól a tölteléknél.

n) A maradék tésztából készítsen annyi csíkot, hogy átlósan, 1,5 hüvelyk távolságra illeszkedjen a hosszirányú csíkokra.

o) A tésztacsíkokat megkenjük tojásfehérjével.

p) 40 percig sütjük, vagy amíg aranybarna nem lesz. Könnyen állva 5 percig.

q) Ezután megszórjuk cukrászati cukorral, és 3 hüvelykes négyzetekre vágjuk. Melegen tálaljuk.

81. Gyógynövényes sajtos torták

ÖSSZETEVŐK:

- ⅓ csésze Finom száraz zsemlemorzsa vagy finomra zúzott zwieback
- 8 uncia Csomag krémsajt, lágyított
- ¾ csésze Tejszínes túró
- ½ csésze Reszelt svájci sajt
- 1 evőkanál Univerzális liszt
- ¼ teáskanál Szárított bazsalikom, zúzott
- ⅛ teáskanál Fokhagyma por
- 2 Tojás
- tapadásmentes spray bevonat
- tejfölös tejföl
- szeletelt vagy szeletelt kimagozott érett olajbogyó, vörös kaviár
- sült pirospaprika

UTASÍTÁS

a) A kéreghez fújjon be huszonnégy 1¾ hüvelykes muffincsészét tapadásmentes spray-bevonattal.

b) Szórjon zsemlemorzsát vagy zúzott zwiebacket az aljára és az oldalára, hogy bevonja.

c) Rázza meg az edényeket, hogy eltávolítsa a felesleges morzsákat. Félretesz, mellőz.

d) Egy kis keverőtálban keverje össze a krémsajtot, a túrót, a svájci sajtot, a lisztet, a bazsalikomot és a fokhagymaport. Elektromos mixerrel közepes sebességen habosra keverjük.

e) Adjunk hozzá tojást; verte alacsony sebességgel, amíg össze nem áll. Ne verje túl.

f) Töltsön meg minden morzsával bélelt muffinpoharat 1 evőkanál sajtos keverékkel. Süssük 375 fokos sütőben 15 percig, vagy amíg a középpontok meg nem állnak.
g) Hűtsük le a rácsokon lévő serpenyőkben 10 percig. Vegye ki a serpenyőből.
h) Rácsokon alaposan hűtsük le.
i) Tálaláskor a tetejét megkenjük tejföllel. Díszítsük olajbogyóval, kaviárral, metélőhagymával és/vagy pirospaprikával és olíva kivágással.
j) A tortákat előírás szerint süssük és hűtsük le, kivéve, ha nem kenjük meg tejföllel, és ne díszítsük a tetejét.
k) Fedjük le és hűtsük le a hűtőszekrényben akár 48 órán keresztül. Tálalás előtt hagyja állni a tortákat szobahőmérsékleten 30 percig.
l) Megkenjük tejföllel, és előírás szerint díszítjük.

82. Céklás sütemény

ÖSSZETEVŐK:
- 1 csésze Crisco olaj
- ½ csésze vaj, olvasztott
- 3 tojás
- 2 csésze cukor
- 2½ csésze liszt
- 2 teáskanál fahéj
- 2 teáskanál szódabikarbóna
- 1 teáskanál só
- 2 teáskanál vanília
- 1 csésze Harvard cékla
- ½ csésze tejszínes túró
- 1 csésze zúzott ananász, lecsepegtetve
- 1 csésze apróra vágott dió
- ½ csésze kókusz

UTASÍTÁS:
a) Keverjük össze az olajat, a vajat, a tojást és a cukrot.
b) Adjuk hozzá a lisztet, a fahéjat, a szódát és a sót.
c) Hajtsa bele a vaníliát, a céklát, a túrót, az ananászt, a diót és a kókuszt.
d) Öntsük egy 9x13 hüvelykes serpenyőbe.
e) 350 fokon 40-45 percig sütjük. Tejszínhabbal tálaljuk.

83. Alma-sajtos fagylalt

ÖSSZETEVŐK:

- 5 főzési alma, meghámozva és kimagozva
- 2 csésze túró, osztva
- 1 csésze fele-fele, osztva
- $\frac{1}{2}$ csésze almavaj, osztva
- $\frac{1}{2}$ csésze kristálycukor, osztva
- $\frac{1}{2}$ teáskanál őrölt fahéj
- $\frac{1}{4}$ teáskanál őrölt szegfűszeg
- 2 tojás

UTASÍTÁS:

a) Vágja az almát $\frac{1}{4}$ hüvelykes kockákra; félretesz, mellőz. Turmixgépben vagy konyhai robotgépben keverjen össze 1 csésze túrót, $\frac{1}{2}$ csésze fél-fél, $\frac{1}{4}$ csésze almavajat, $\frac{1}{4}$ csésze cukrot, fahéjat, szegfűszeget és egy tojást. Keverjük simára. Öntsük egy nagy tálba.

b) Ismételje meg a maradék túróval, felével, almavajjal és tojással. Összekeverjük az előzőleg pépesített keverékkel. Belekeverjük az apróra vágott almát.

c) Öntsük fagylaltos dobozba. Fagyassza le a fagylaltkészítőben a gyártó utasításai szerint.

84. Kókuszos túrós túrótorta

ÖSSZETEVŐK:
A KÉGRE:
- 1 ½ csésze Graham Cracker morzsa
- ½ csésze evőkanál vaj, olvasztott
- 3 evőkanál kókuszreszelék

A TÖLTETÉSHEZ:
- 32 uncia túró
- ¾ csésze édesítőszer
- 7 uncia kókuszos görög joghurt
- 3 nagy tojás
- 1 teáskanál vanília kivonat
- 1 kanál kókusz ízű fehérjepor (opcionális)

A FELTÉTHEZ:
- 7 uncia kókuszos görög joghurt
- 2 evőkanál túró
- ¼ csésze édesítőszer
- ½ csésze kókuszreszelék

UTASÍTÁS:
A KÉGRE:
a) Egy tálban keverjük össze a Graham Cracker morzsát, az olvasztott vajat és a kókuszreszeléket.

b) Nyomjuk a keveréket egy sajttorta tál vagy tepsi aljába.

c) Süssük 192 °C-on körülbelül 7-10 percig, amíg enyhén megpirul.

d) Kivesszük a sütőből és félretesszük hűlni.

A TÖLTETÉSHEZ:
e) Tegyük a túrót és az édesítőt egy keverőtálba, és keverjük simára.

f) Ezután adjuk hozzá a többi hozzávalót és keverjük simára.

g) A kihűlt tésztára öntjük a tölteléket, és előmelegített sütőben 50 percig sütjük.

h) Kivesszük a sütőből és szobahőmérsékletre hűtjük.

A FELTÉTHEZ:

i) A kókuszos görög joghurtot, a túrót és az édesítőt krémesre verjük.

j) A kihűlt sajttortára kenjük a cukormázt, és a tetejére kókuszreszeléket szórunk.

85. Noodle Kugel Pite túróval

ÖSSZETEVŐK:
TÉTÉRÉG:
- ½ font széles kóser húsvéti tojásos tésztához
- 2 evőkanál vaj, olvasztott

TÖLTŐ:
- 2 hagyma, szeletelve
- olaj a sütéshez
- 1 kiló túró
- 2 csésze tejföl
- ½ csésze cukor
- 6 tojás
- 1 teáskanál őrölt fahéj
- ½ csésze szeder

FELTÉTEL:
- További szeder

UTASÍTÁS:
TÉTÉRÉG:

a) Melegítsük elő a sütőt 375 F fokra.

b) Főzzük a tojásos tésztát sós vízben körülbelül 4 percig, vagy amíg kissé meg nem sülnek.

c) A tésztát lecsepegtetjük, és egy tálba tesszük.

d) Meglocsoljuk 2 evőkanál olvasztott vajjal, és bevonjuk.

TÖLTŐ:

e) Egy közepes lábosban, közepes lángon hevítsük fel az olajat, majd főzzük a hagymát, amíg megpuhul. Vegye ki a serpenyőből.

f) Egy tálban keverjük jól össze a főtt hagymát, a túrót, a tejfölt, a cukrot, a tojást és az őrölt fahéjat.

g) Óvatosan forgasd bele a szedret a töltelékbe.

ÖSSZESZERELÉS:

h) Egy körülbelül 9 x 13 hüvelykes sütőedényt kivajazunk.
i) A kivajazott tojásos tésztát a tepsi aljába rendezzük úgy, hogy kéreg keletkezzen.
j) A töltelékkeveréket ráöntjük a tészta héjára.
SÜTÉS:
k) Előmelegített sütőben kb 40-45 perc alatt megsütjük, amíg a puding megszilárdul és a teteje aranybarna nem lesz.
SZOLGÁLÓ:
l) Tálalás előtt hagyja kissé kihűlni a Noodle Kugel Pie-t.
m) Tálaljuk, még több szederrel megszórva.

86. Rózsaszín parti saláta

ÖSSZETEVŐK:

- 1 doboz (No 2) zúzott ananász
- 24 nagy Marshmallows
- 1 csomag Eper Jello
- 1 csésze Tejszínhab
- 2 bögre Sm. túrós túró
- $\frac{1}{2}$ csésze Dió; apróra vágva

UTASÍTÁS:

a) Ananászlevet felforrósítunk mályvacukorral és zselóval. Menő.

b) Keverjük össze a tejszínhabot, az ananászt, a túrót és a diót. Adjuk hozzá az első keveréket, és forgassuk össze.

c) Hűtsük le egy éjszakán át.

87. Roston sült ananász desszert

ÖSSZETEVŐK:

- 1 friss ananász kimagozva, meghámozva
- 3 evőkanál málna vinaigrette öntet
- 2 csésze 2%-os tejzsírszegény túró
- 1/2 csésze gránátalma mag

UTASÍTÁS:

a) A brojler előmelegítése. Az ananászt keresztben vágja nyolc szeletre, és helyezze el a brojlerserpenyő rácsán vagy egy 15 x 10 x 1 hüvelykes tepsiben, majd egyenletesen kenje meg az öntetet.

b) Az ananászt a hőforrástól 3-4 hüvelyk távolságra pároljuk, amíg át nem melegszik, körülbelül 4-5 percig.

c) Tegye ki az ananászt egy tálra, és tegye egyenletesen a túrót a tetejére. A tetejére szórjuk a gránátalma magokat.

88. Cool lime saláta

ÖSSZETEVŐK:

- 1/2 csésze ürítetlen konzerv zúzott ananász
- 2 evőkanál lime zselatin
- 1/4 csésze 4%-os túró
- 1/4 csésze felvert öntet

UTASÍTÁS:

a) Forraljuk fel az ananászt egy kis serpenyőben.

b) Kapcsolja le a hőt, adjon hozzá zselatint, és keverje, amíg teljesen fel nem oldódik.

c) Hagyjuk szobahőmérsékletre hűlni.

d) Tegyük a serpenyőbe a felvert feltétet és a túrót, keverjük össze.

e) Hűtőbe tesszük keményre.

FŰSZEREK

89. Túrós szósz

ÖSSZETEVŐK:

- 1 csésze (226 g) zsírmentes túró
- 1 csésze (235 ml) sovány tej
- 2 evőkanál (30 ml) víz
- 2 evőkanál (16 g) kukoricakeményítő

UTASÍTÁS:

a) Turmixgépben turmixoljuk össze a túrót és a tejet. Egy serpenyőbe öntjük és majdnem forrásig melegítjük. Félretesz, mellőz. Adjuk hozzá a vizet a kukoricakeményítőhöz, és keverjük pépesre. Adjuk hozzá a túrós keverékhez egy serpenyőben, és jól keverjük össze.

b) 10 percig főzzük, folyamatos kevergetés mellett, amíg besűrűsödik.

90. Alacsony zsírtartalmú mogyoróhagyma mártogatós

ÖSSZETEVŐK:

- 1 csésze (225 g) zsírszegény túró
- ¼ csésze (25 g) mogyoróhagyma apróra vágva
- 2 teáskanál (10 ml) citromlé

UTASÍTÁS:

a) Az összes hozzávalót turmixgépben vagy konyhai robotgépben összedolgozzuk, és simára dolgozzuk.

b) Hűtőbe tesszük legalább egy órára, hogy az ízek kifejlődjenek.

91. Kunyhó gyógynövény öntet

ÖSSZETEVŐK:

- 1 evőkanál Tej
- 12 uncia túró
- 1 teáskanál citromlé
- 1 kis hagyma szelet – vékony
- 3 retek – fél
- 1 teáskanál vegyes salátafűszer
- 1 szál petrezselyem
- $\frac{1}{4}$ teáskanál Só

UTASÍTÁS:

a) Tegye a tejet, a túrót és a citromlevet egy turmixgép edényébe, és turmixolja simára.

b) Hozzáadjuk a többi hozzávalót a túrós keverékhez, és addig turmixoljuk, amíg az összes zöldséget fel nem vágjuk.

92. Gyógynövényes túrós kenhető

ÖSSZETEVŐK:

- 1 csésze túró
- 2 evőkanál friss metélőhagyma, apróra vágva
- 1 evőkanál friss kapor, apróra vágva
- 1/2 teáskanál fokhagyma por
- Só és bors ízlés szerint

UTASÍTÁS:

a) Egy tálban összekeverjük a túrót, az apróra vágott metélőhagymát, a kaprot és a fokhagymaport.
b) Ízlés szerint sózzuk, borsozzuk.
c) Használja kenhető kekszekhez, kenyérhez, vagy mártogatósként zöldségekhez.

93. Túrós salsa

ÖSSZETEVŐK:

- 1 csésze túró
- 1/2 csésze vaskos salsa
- 1/4 csésze apróra vágott friss koriander
- 1/2 teáskanál kömény (elhagyható)
- Só és bors ízlés szerint

UTASÍTÁS:

a) Egy tálban keverje össze a túrót, a salsát, a koriandert és a köményt (ha használ).
b) Ízlés szerint sózzuk, borsozzuk.
c) Használja ezt a salsát sült burgonya, grillcsirke feltétként vagy tortilla chipsek mártására.

94. Túró és mézes csepp

ÖSSZETEVŐK:

- 1 csésze túró
- 2 evőkanál méz
- 1/4 teáskanál fahéj (elhagyható)

UTASÍTÁS:

a) Egy tányérra vagy tálra kanalazzuk a túrót.
b) Csorgassunk mézet a túróra.
c) Opcionálisan megszórjuk egy csipet fahéjjal.
d) Élvezze édes és krémes desszertként vagy snackként.

95. Túrós pesto

ÖSSZETEVŐK:

- 1 csésze túró
- 2 evőkanál pesto szósz
- 1/4 csésze reszelt parmezán sajt
- Só és bors ízlés szerint

UTASÍTÁS:

a) Egy tálban keverjük össze a túrót, a pesto szószt és a reszelt parmezán sajtot.
b) Ízlés szerint sózzuk, borsozzuk.
c) Használja ezt a túrós pestót tésztaszósznak, szendvicskrémnek vagy zöldséges mártogatósnak.

Turmixok és koktélok

96. Fűszeres málnás turmix

ÖSSZETEVŐK:

- ½ csésze zsírmentes túró
- 1 csésze jégkocka
- 1 teáskanál méz
- 2 datolya (kimagozott)
- 2 evőkanál régimódi hengerelt zab
- 6 oz friss málna
- Csipetnyi őrölt fahéj

UTASÍTÁS:

a) Az összes hozzávalót turmixgépbe tesszük, és simára dolgozzuk.
b) Élvezd.

97. Túrós Power Shake

ÖSSZETEVŐK:

- ¼ csésze zsírszegény túró
- 1 csésze áfonya (friss vagy fagyasztott)
- 1 kanál vanília fehérjepor
- 2 evőkanál lenmagliszt
- 2 evőkanál dió, apróra vágva
- 1½ csésze víz
- 3 jégkocka

UTASÍTÁS:

a) Keverjük simára.
b) Kóstolja meg és módosítsa a jeget vagy a hozzávalókat, ha szükséges.

98. Sajtos vanília shake

ÖSSZETEVŐK:

- 16 oz. fölözött tej
- 2 csésze zsírmentes túró
- 3 kanál fehérjepor
- 1/2 csésze zsírmentes, vaníliás joghurt
- 1 gombóc kedvenc gyümölcsödből
- Splenda két kulcs
- 2-3 kocka jég

UTASÍTÁS:

a) Dobja az összes hozzávalót egy turmixgépbe 30-60 másodpercre.

99. Edzés utáni Banán Protein Shake

ÖSSZETEVŐK:

- 2 banán
- 1/2 csésze túró
- Vanília tejsavó fehérje
- Csésze tej
- Egy kis jég
- 1/2 teáskanál barna cukor

UTASÍTÁS:

a) Keverjük simára.
b) Kóstolja meg és módosítsa a jeget vagy a hozzávalókat, ha szükséges.

100. Szója turmix

ÖSSZETEVŐK:

- 1 kanál fehérjepor
- 1 csésze bio szójatej
- 1 csésze túró
- $\frac{1}{4}$-$\frac{1}{2}$ csésze nyers méz
- Csipet só

UTASÍTÁS:

a) Keverje össze a szójatejet és a túrót, hogy a turmix szemcsés állagot kapjon, majd adjon hozzá mézet és sót ízlésének megfelelő arányban.

b) Adjunk hozzá egy kanál fehérjeport, ha szükséges vizet, és élvezzük.

KÖVETKEZTETÉS

Ahogy a "AZ ULTIMATE VAKÁZI SAJT KONYHA" című kulináris kalandunk végéhez érünk, reméljük, hogy élvezte a túró végtelen lehetőségeinek felfedezését. A kéznél lévő 100 finom recept segítségével feltárta a titkot annak, hogy a mindennapi ételeket rendkívüli élményekké alakítsa.

A túró gazdag krémes textúrájával és magas fehérjetartalmával többnek bizonyult, mint a tejtermékek alapvető alapanyaga. Ez az egészségesebb, ízletesebb és izgalmasabb ételek kulcsfontosságú összetevője. Reggelitől vacsoráig és minden közben elfogyasztott harapnivalón keresztül láthattad, hogy ez a sokoldalú összetevő mennyire lehet a show sztárja.

Kevertük, pirítottuk, sütöttük és turmixoltuk, most pedig Önön a sor, hogy kézbe vegye a gyeplőt. Engedje szabadjára a fantáziáját a konyhában. Kísérletezzen ízekkel, állagokkal és összetevőkkel, hogy elkészítse saját túrós remekeit.

De ne feledje, minden konyha szíve nem csak az összetevőkben vagy a receptekben rejlik – ez a szeretet és szenvedély, amelyet a főzéshez önt be. Tehát, miközben folytatja kulináris utazását, mindig főzzön szeretettel, és biztosan olyan ételeket készít, amelyek nemcsak a szájpadlást gyönyörködtetik, hanem a szívet is melengetik.

Köszönjük, hogy csatlakozott hozzánk a "AZ ULTIMATE VAKÁZI SAJT KONYHA"-ben. Legyen jövőbeli étkezése tele örömmel, egészséggel és a túró finom finomságával. Jó főzést!

www.ingramcontent.com/pod-product-compliance
Lightning Source LLC
Chambersburg PA
CBHW071310110526
44591CB00010B/845